少年读
古文观止
〈唐宋明〉

王金鑫 著

©中南博集天卷文化传媒有限公司。本书版权受法律保护。未经权利人许可，任何人不得以任何方式使用本书包括正文、插图、封面、版式等任何部分内容，违者将受到法律制裁。

图书在版编目（CIP）数据

少年读古文观止. 唐宋明 / 王金鑫著. -- 长沙：湖南文艺出版社，2023.8
ISBN 978-7-5726-1168-1

Ⅰ. ①少… Ⅱ. ①王… Ⅲ. ①《古文观止》—少年读物 Ⅳ. ①H194.1-49

中国国家版本馆CIP数据核字（2023）第139621号

上架建议：文学·传统文化

SHAONIAN DU GUWEN GUANZHI. TANG SONG MING

少年读古文观止. 唐宋明

著　　者：	王金鑫
出 版 人：	陈新文
责任编辑：	匡杨乐
监　　制：	李　炜　张苗苗
策划编辑：	蔡文婷
特约编辑：	董　月　张晓璐
营销支持：	付　佳　杨　朔　付聪颖
装帧设计：	霍雨佳
内文插图：	李　芳
出　　版：	湖南文艺出版社
	（长沙市雨花区东二环一段　508号　邮编：410014）
网　　址：	www.hnwy.net
印　　刷：	北京中科印刷有限公司
经　　销：	新华书店
开　　本：	700 mm×980 mm　1/16
字　　数：	116千字
印　　张：	11.25
版　　次：	2023年8月第1版
印　　次：	2023年8月第1次印刷
书　　号：	ISBN 978-7-5726-1168-1
定　　价：	79.00元（全2册）

若有质量问题，请致电质量监督电话：010-59096394
团购电话：010-59320018

目录

第一章　谏太宗十思疏　1

第二章　滕王阁序　13

第三章　陋室铭　29

第四章　阿房宫赋　39

第五章　师说　53

第六章　马说　65

第七章
捕蛇者说 75

第八章
岳阳楼记 87

第九章
五代史伶官传序 101

第十章
醉翁亭记 113

第十一章
前赤壁赋 127

第十二章
后赤壁赋 141

第十三章
游褒禅山记 153

第十四章
卖柑者言 165

第一章
谏太宗十思疏

> 让我们来认识一下魏徵吧!

姓　　名：魏徵

性　　别：男

生活时代：唐

人物背景：魏徵，字玄成，唐朝杰出的政治家、思想家、文学家和史学家，因直言进谏，辅佐唐太宗共同创建『贞观之治』的大业，被后人称为『一代名相』。

代表名句：

中原初逐鹿，投笔事戎轩。（《横吹曲辞·出关》，一作《述怀》）

人生感意气，功名谁复论！（《横吹曲辞·出关》）

知人论世

我们都知道，向封建帝王进谏是非常冒险的事情。进谏就是你告诉帝王什么可以做，什么不可以做，这需要智慧和勇气。唐朝有一个非常有名的谏官，他有胆有识、知无不言、敢于直谏，他就是魏徵。

魏徵（580—643），字玄成，魏郡馆陶（今河北巨鹿）人，唐朝杰出的政治家、思想家、文学家和史学家。早年参加瓦岗寨起义，失败后归降唐朝。归降唐朝后，魏徵直言进谏，推行王道，辅佐唐太宗共创"贞观之治"，成为"一代名相"，名列"凌烟阁二十四功臣"第四位，去世后获赠司空、相州都督，谥号文贞。

魏徵在隋朝末年，为了躲避战乱，曾一度出家为道士，后来跟随瓦岗军的首领李密，参与了瓦岗寨起义。在李密失败以后，他投降了唐朝，成为一名谏官，他的任务就是给皇帝提建议。魏徵不仅非常有才华，而且有胆识，敢于言旁人不敢言之事。

魏徵曾向太子李建成提议，要他去请战立功。李建成也听从了他的建议，平定了山东。武德九年（626），李世民发动玄武门之变，将李建成等人诛杀。李世民非常重视人才，虽然魏徵之前效忠于自己的竞争对手，但是他并不在意，仍然十分器重魏徵。贞观元年（627），李世民登上帝位，任命魏徵为谏议大夫。任职期间，魏徵先后上书两百多事，提了两百多个建议，大多都被唐太宗所采纳了。

魏徵所处贞观年间，天下大治，但是他却提出了"居安思危"的忧患意识，这足以看出他的战略眼光。魏徵去世后，唐太宗对他追思不已。有一次上朝，太宗感叹地对侍臣说："用铜做镜子，可以端正衣冠；用历史做镜子，可以知道国家兴衰；用人做镜子，可以了解得失。我用这三面镜子，谨防自己的过失。现在魏徵去世了，我失去了一面镜子呀！"可见唐太宗对魏徵深厚的怀念之情。

唐太宗李世民和贤臣魏徵，一代圣主和一位名臣，各有各的才能。李世民是文武双全、以民为主的明君，而魏徵是刚直不阿、忠君爱民的大臣。爱国利民，君臣一心，共同开创了贞观之治。

字玄成。

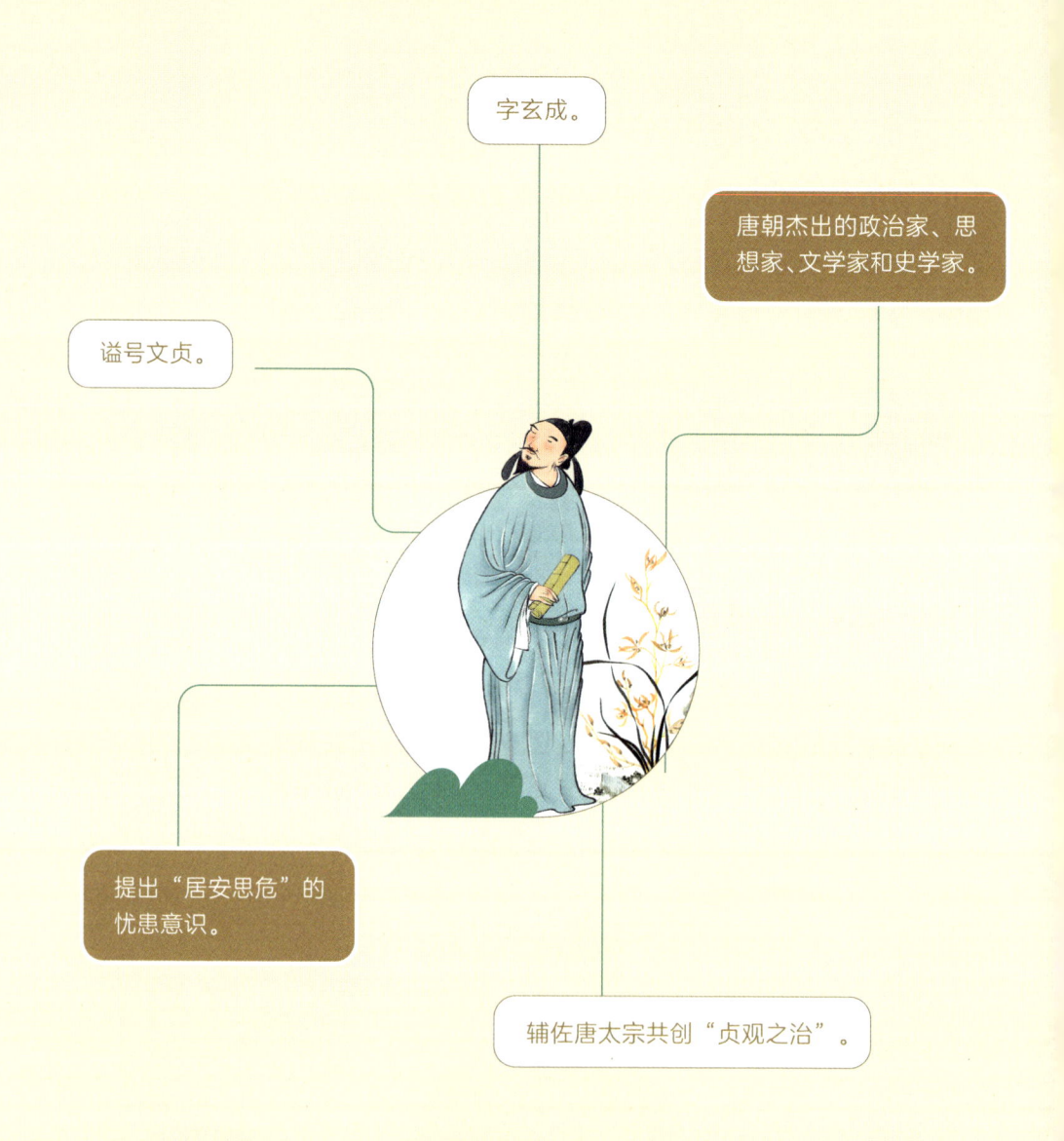

唐朝杰出的政治家、思想家、文学家和史学家。

谥号文贞。

提出"居安思危"的忧患意识。

辅佐唐太宗共创"贞观之治"。

魏徵作为中国封建社会最负盛名的谏官代表，忠君爱民，直言进谏，获此殊荣，当之无愧。

读一读 ·《谏太宗十思疏》

读准字音，读准停顿，读懂语气

臣闻求木之长者，必固其根本；欲流之远者，必浚（jùn）其泉源；思国之安者，必积其德义。源不深而望流之远，根不固而求木之长，德不厚而思国之安，臣虽下愚，知其不可，而况于明哲乎！人君当神器之重，居域中之大，不念居安思危，戒奢以俭，斯亦伐根以求木茂，塞源而欲流长也。

凡昔元首，承天景命，善始者实繁，克终者盖寡。岂取之易、守之难乎？盖在殷忧必竭诚以待下，既得志则纵情以傲物。竭诚则吴越为一体，傲物则骨肉为行路。虽董之以严刑，振之以威怒，终苟免而不怀仁，貌恭而不心服。怨不在大，可畏惟人。载舟覆舟，所宜深慎。

诚能见可欲则思知足以自戒，将有作则思知止以安人，念高危则思谦冲而自牧，惧满盈则思江海下百川，乐盘游则思三驱以为度，忧懈怠则思慎始而敬终，虑壅蔽则思虚心以纳下，惧谗邪则思正身以黜恶，恩所加则思无因喜以谬赏，罚所及则思无因怒而滥刑。总此十思，宏兹九得，简能而任之，择善而从之，则智者尽其谋，勇者竭其力，仁者播其惠，信者效其忠。文武并用，垂拱而治。何必劳神苦思，代百司之职役哉！

古文今译

　　臣听说：想要树木长得好，一定要稳固它的根基；想要泉水流得远，一定要疏通它的源泉；想要国家安定，一定要厚积道德仁义。源泉不深却希望泉水流得远，根基不牢固却想要树木长得好，道德不深厚却想要国家安定，臣虽然地位低、见识浅，也知道这是不可能的，更何况您这样聪明睿智的人呢！国君担当着皇帝的重任，拥有天地间最崇高的地位，如果不考虑在安逸的环境中会出现的危难，戒奢侈而行节俭，这也就如同挖断树根却来求树木茂盛，堵塞源泉而想要泉水流得远啊。

　　从古以来所有的国君，承受了上天赋予的重大使命，开头做得好的国君确实很多，能够保持到底的大概很少。难道是夺取天下容易守住天下困难吗？原来是因为处在深重的忧患之中时，国君一定会竭尽诚心来对待臣民，成功之后，就放纵自己的性情来傲视别人。竭尽诚心，吴、越这样的世仇也将同心同德；傲视别人，至亲骨肉也会成为不相干的人。即使用严酷的刑罚来督察人民，用威风怒气来吓唬人民，人民最终只是苟且免于刑罚，并不会感怀国君的仁德，表面上恭敬而内心里却不服气。人民对国君的怨恨不在于大小，可怕的是心怀怨恨的人民；人民像水一样，能够承载船只，也能颠覆船只，能够拥戴国君，也能推翻他的统治，这是应当深切谨慎的。

作为一国之君，如果真的能够做到看见自己贪图的东西，就想到该知足来自我克制；想要大兴土木，就想到适可而止来使百姓安定；想到帝位高高在上，就想到要谦虚并加强自我约束；害怕骄傲自满，就想到要像江海那样处于众多河流的下游以容纳百川；喜爱狩猎，就想到帝王打猎一年三次的法度；担心意志松懈，就想到做事要慎始慎终；担心言路不通受蒙蔽，就想到要虚心采纳臣下的意见；害怕朝中出现谗佞奸邪之人，就想到自身端正才能罢黜奸邪；施加恩泽，就要想到不要因为一时高兴而奖赏不当；动用刑罚，就要想到不要因为一时发怒而滥用刑罚。全面做到这十件应该深思的事，弘扬这九种美德，选拔有才能

的人而任用他，挑选好的意见而听从它。那么有智慧的人就能充分献出他的谋略，勇敢的人就能完全使出他的力量，仁爱的人就能充分散播他的恩惠，诚信的人就能完全献出他的忠诚。文臣武将各得其所同时得到任用，国君弹着琴垂衣拱手就能治理好天下。何必亲自耗费精力苦苦思索，代替臣下做他们该做的事呢！

知识收藏夹

- **通假字**

  振之以威怒 ◎振，通"震"，威吓。

- **古今异义**

  必固其根本 ◎古义：二字同义重复，树木的根。今义：事物的根源或最重要的部分。

- **词类活用**

  欲流之远者 ◎形容词用作动词，流得远。
  必固其根本 ◎形容词的使动用法，使……牢固。
  人君当神器之重 ◎形容词用作名词，重任。
  居域中之大 ◎形容词用作名词，重大的地位。
  乐盘游 ◎形容词的意动用法 以……为乐。
  简能而任之 ◎形容词用作名词，有才能的人。
  择善而从之 ◎形容词用作名词，好的意见。
  何必劳神苦思 ◎名词的使动用法，使……劳累。

- **文言句式**

  斯亦伐根以求木茂，塞源而欲流长也 ◎判断句，"……也"表判断。
  虽董之以严刑，振之以威怒 ◎倒装句，介词结构后置，正确语序为"虽以严刑董之，以威怒振之"。

王老师 说

《谏太宗十思疏》是唐朝著名谏议大夫魏徵写给唐太宗的一篇奏疏。《旧唐书》曾赞扬魏征的这篇奏疏"可为万代王者法"。唐太宗十分重视此文，曾以此来训诫太子，后世诸多君主也常拜读这篇奏疏，用以规诫自己，由此我们可知其在古代的重要意义。

这篇奏疏具有很强的现实针对性，是魏徵在唐太宗日渐骄纵之时所作的，清晰地指出唐太宗"不念居安思危，戒奢以俭"，"既得志则纵情以傲物"，不"竭诚以待下"，必然会使"骨肉为行路"，最后导致至亲疏远，君臣离心，难保天下。奏疏既把"不念居安思危，戒奢以俭"的危害讲得十分透彻，又给出了对策，提出"十思"的措施，具体实用，针对性很强。

文章第一段以生动形象的比喻开篇，先从正面用比喻推理，引出正题"思国之安者，必积其德义"；再从反面申述，"源不深而望流之远，根不固而求木之长，德不厚而望国之安，臣虽下愚，知其不可，而况于明哲乎"，加重了强调意味。接着进一步提出，"人君"位高任重，如果"不念居安思危，戒奢以俭"，就难保国家长治久安。第二段总结历史经验，从创业守成、人心向背等方面来论述"居安思危"的道理。第三段提出"居安思危"的具体措施，即"十思"。"十思"其实就是魏徵作为谏臣对君主提出的十条劝诫，言语间都是坦诚和忠心。

　　《谏太宗十思疏》的主要思想，是规劝唐太宗在"贞观之治"取得成就以后，不要忘记前朝灭亡的教训，"居安思危，戒奢以俭"，"善始""克终"，以"积其德义"，使百姓安居乐业，国家长治久安。奏疏全文，骈偶居多，排文工整，辞文晓畅，音律和谐，气势刚健，使得奏疏的警示意义示更加振聋发聩。

第二章 滕王阁序

让我们来认识一下王勃吧！

姓　　名：王勃

性　　别：男

生活时代：唐

人物背景：王勃，字子安，唐朝文学家，位列『初唐四杰』之首。王勃是一位天才诗人，但是天妒英才，命途多舛，年仅二十多岁就英年早逝。在文学成就方面，王勃擅长五律和五绝，著有《王子安集》。

代表名句：

海内存知己，天涯若比邻。（《送杜少府之任蜀州》）

君在天一方，寒衣徒自香。（《杂曲歌辞·秋夜长》）

知人论世

王勃（649或650—676），字子安，绛州龙门（今山西河津）人。唐朝文学家，与杨炯、卢照邻、骆宾王并称"初唐四杰"，王勃为四杰之首。

王勃出身儒学世家，是"文中子"王通之孙。王勃自幼天资聪颖，六岁就能作诗写文章，被称为神童。他会在心中打好腹稿，写出的诗文构思巧妙，词情英迈。王勃早早表现出来的文学才华惊艳了不少人，曾被父亲的好友杜易简称赞为"王氏三珠树"之一。九岁时，王勃读颜师古注的《汉书》后，甚至指出了颜师古在著作中的错误。王勃小小年纪就已经博学多才，被称为神童当之无愧。王勃不仅聪慧过人，并且志存高远，写了《上绛州上官司马书》《乾元殿颂》等文章来表现自己对入仕的渴求。王勃不到二十岁就科考及第，官授朝散郎，成为朝廷最年少的命官。唐高宗也为他的文笔惊叹不已，连连称赞："奇才，奇才，我大唐奇才！"

同时王勃也得到了沛王李贤的赏识，这也为他后来的贬官之路埋下了伏笔。一次沛王李贤与英王李显斗鸡，王勃作了一篇《檄英王鸡文》，来讨伐英王的斗鸡。这篇文章传到了皇上唐高宗的手里，唐高宗读罢很是生气，认为王勃是在挑拨皇子间的情谊，王勃也从"奇才"变成了"歪才"，被逐出了长安城。

王勃辗转来到虢州任参军，任职期间藏匿罪犯官奴曹达，后来又怕走漏风声，便将其杀害，王勃因此被判处死刑。好在比较幸运遇到朝廷大赦，王勃才免于受难。但这件事情还是连累到了他的父亲王福畴，王福畴从雍州司功参军被贬为交趾县令，被贬到了南荒之地。一向孝顺的王勃为连累父亲而心感愧疚，备受打击。上元二年（675），王勃去交趾探望父亲，次年回程时不慎溺水，因惊吓而死。时年约二十七岁，一代才子英年早逝，不禁让人唏嘘不已。

纵观王勃短暂的一生，他才华横溢、少年得志，而又恃才傲物、命途多舛，感受过灿烂与落寞，经历过官场起伏，结局令人惋惜。如今我们只能通过王勃留下的诗篇来感受这位天才诗人宽广又细

腻的内心世界。

在群星璀璨、人才辈出的唐代诗坛，年轻的王勃也留下了不少经典名篇。早期王勃的诗歌风格气势壮阔、雄放刚健，如《送杜少府之任蜀州》写离别之情，以"海内存知己，天涯若比邻"的开阔意境一扫离别愁绪，表现出对不受时间限制和空间阻隔的友谊的信任，以乐观豁达的态度慰勉离别的哀伤之情。这一点在他的辞赋文章中也有体现，如在《滕王阁序》中，面对登高所见之景，发出了"天高地迥，觉宇宙之无穷；兴尽悲来，识盈虚之有数"的感慨，句子对仗工整，富有音韵美，又哲理深刻。而在经历了被贬官之后，王勃也有着郁积在心头的愤懑。同样是送别好友，他在《重别薛华》中写到"穷途唯有泪，还望独潸然"，直接抒发离别时的哀愁以及对自己前路的彷徨之情。

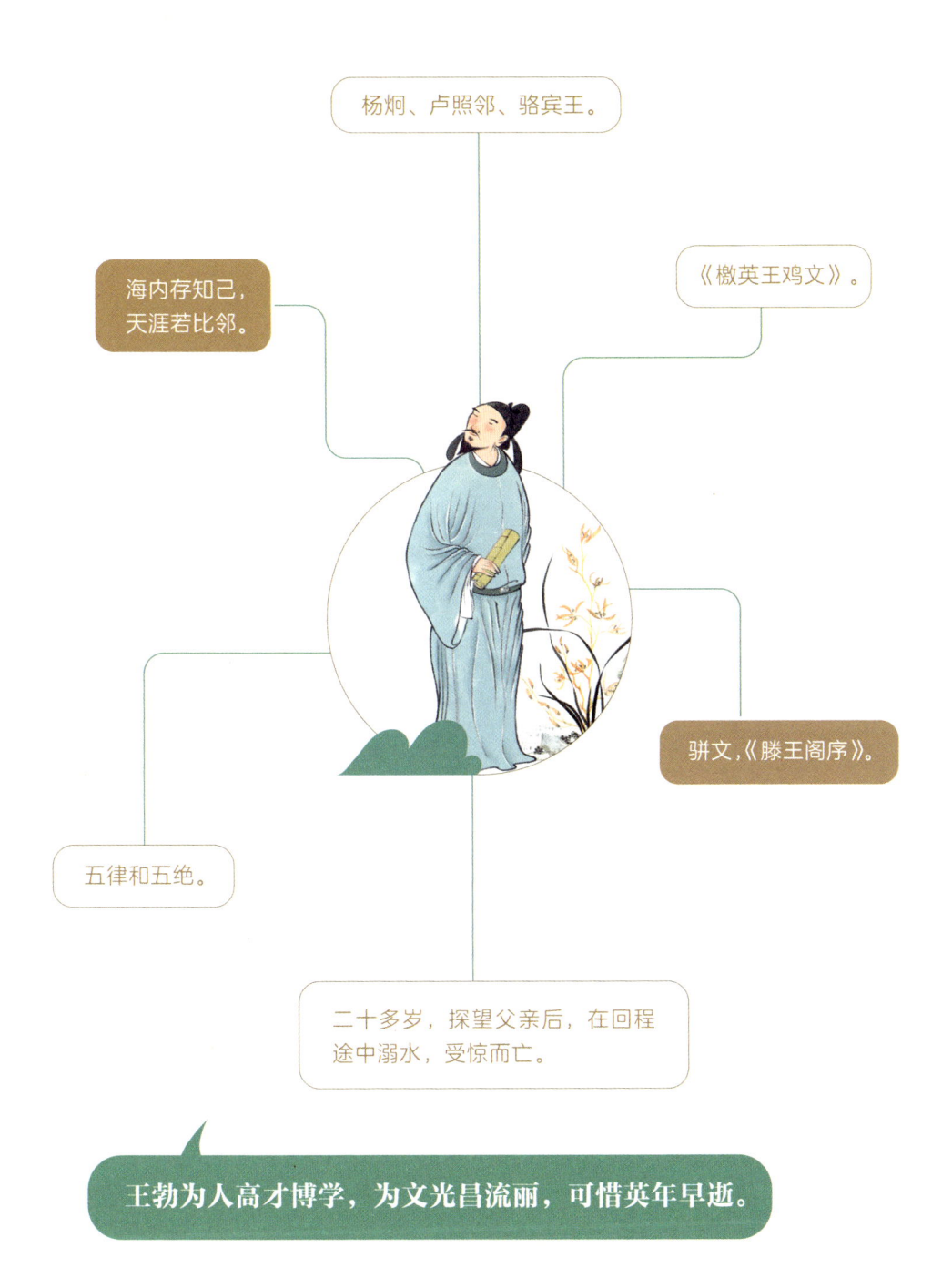

- 杨炯、卢照邻、骆宾王。
- 《檄英王鸡文》。
- 海内存知己，天涯若比邻。
- 骈文，《滕王阁序》。
- 五律和五绝。
- 二十多岁，探望父亲后，在回程途中溺水，受惊而亡。

王勃为人高才博学，为文光昌流丽，可惜英年早逝。

滕王阁序

读一读 ·《滕王阁序》

读准字音，读准停顿，读懂语气

豫章故郡，洪都新府。星分翼、轸（zhěn），地接衡、庐。襟三江而带五湖，控蛮荆而引瓯（ōu）越。物华天宝，龙光射牛斗之墟；人杰地灵，徐孺下陈蕃之榻。雄州雾列，俊采星驰。台隍枕夷夏之交，宾主尽东南之美。都督阎公之雅望，棨（qǐ）戟遥临；宇文新州之懿范，襜帷暂驻。十旬休假，胜友如云，千里逢迎，高朋满座。腾蛟起凤，孟学士之词宗，紫电清霜，王将军之武库。家君作宰，路出名区，童子何知，躬逢胜饯。

时维九月，序属三秋。潦水尽而寒潭清，烟光凝而暮山紫。俨骖騑（cānfēi）于上路，访风景于崇阿。临帝子之长洲，得天人之旧馆。层峦耸翠，上出重霄，飞阁流丹，下临无地。鹤汀凫渚（fúzhǔ），穷岛屿之萦回，桂殿兰宫，即冈峦之体势。披绣闼，俯雕甍（méng），山原旷其盈视，川泽纡其骇瞩。闾阎扑地，钟鸣鼎食之家，舸舰弥津，青雀黄龙之轴。云销雨霁（jì），彩彻区明。落霞与孤鹜齐飞，秋水共长天一色。渔舟唱晚，响穷彭蠡（lí）之滨，雁阵惊寒，声断衡阳之浦。

遥襟甫畅，逸兴遄（chuán）飞。爽籁发而清风生，纤歌凝而白云遏。睢园绿竹，气凌彭泽之樽；邺水朱华，光照临川之笔。四美具，二难并。穷睇眄（dìmiǎn）于中天，极娱游于暇日。天高地迥，觉宇宙之无穷；兴尽悲来，识盈虚之有数。望长安于日下，指吴会于云间。地势极而南溟深，天柱高而北辰远。关山难越，谁悲失路之人？萍水相逢，尽是他乡之客。怀帝阍（hūn）而不见，奉宣室以何年？

呜呼！时运不齐，命途多舛。冯唐易老，李广难封。屈贾谊于长沙，非无圣主，窜梁鸿于海曲，岂乏明时？所赖君子安贫，达人知命。老当益壮，宁知白首之心？穷且益坚，不坠青云之志。酌贪泉而觉爽，处涸辙以犹欢。北海虽赊，扶摇可接；东隅已逝，桑榆非晚。孟尝高洁，空余报国之心；阮籍猖狂，岂效穷途之哭？

勃，三尺微命，一介书生。无路请缨，等终军之弱冠，有怀投笔，慕宗悫（què）之长风。舍簪笏（hù）于百龄，奉晨昏于万里。非谢家之宝树，接孟氏之芳邻。他日趋庭，叨（tāo）陪鲤对，今晨捧袂（mèi），喜托龙门。杨意不逢，抚凌云而自惜，钟期既遇，奏流水以何惭？

呜呼！胜地不常，盛筵难再。兰亭已矣，梓泽丘墟。临别赠言，幸承恩于伟饯；登高作赋，是所望于群公。敢竭鄙诚，恭疏短引。一言均赋，四韵俱成。

古文 今译

　　南昌是旧时豫章郡的治所,如今是洪州都督府的所在,天上的方位属于翼、轸两星宿的分野,地上的位置连接着衡山和庐山。它以三江为衣襟,以五湖为衣带,控制楚地,连接瓯越。这里物产华美,犹如天降珍宝,宝剑发出的光芒直冲上牛、斗两个星宿之间。这里的大地有灵气,在此出生的有许多杰出人士,太守陈蕃专为隐士徐稚设下床榻。雄伟的洪州城,房屋建筑像云雾般排列;英俊的人才,像繁星一样飞驰活跃。城池坐落在中原与南夷的交界之处,主人与宾客,会集了东南地区的青年才俊。都督阎公,享有崇高的名望,仪仗远来;宇文州牧,是美德的楷模,赴任途中在此暂留。正逢十天一次休假的日子,杰出的朋友云集,高贵的宾客,也都不远千里来此聚会。文坛领袖孟学士,其文采像腾起的蛟龙、飞舞的彩凤;王将军的武库里,藏有像紫电、清霜一样锋利的宝剑。由于父亲在交趾做县令,我在探亲途中路过这方宝地;我年幼无知,竟然有幸亲自参加了这次盛大的宴会。

　　时值九月深秋,积水消尽,潭水清澈,云烟凝结在暮霭中,山峦呈现一片青紫色。在高高的山路上驾着马车,在崇山峻岭中访求风景,来到滕王的长洲,找到仙人居住过的宫殿。这里山峦重叠,一片翠绿,山峰耸入云霄;凌空的楼阁,阁道丹漆彩饰,犹如飞翔在空中,从阁上往下看深不见底。白鹤、野鸭栖息的水边小洲,极尽岛屿的迂折回环之势;华丽威严的宫殿,依着起伏的山峦而建。打开精美的阁门,俯视雕花的屋脊,山峰平原尽收眼底,河流的曲折令人惊叹。遍地是宅舍房屋,还有不少的富贵人家;船只停满了渡口,都是船身雕刻着青雀黄龙花纹的大船。雨过天晴,虹消云散,阳光朗照,天空广阔。落日映照下的彩霞和孤傲的野鸭一齐飞翔,秋日的江水和辽阔的天空连成一片。傍晚时分,渔船中传来渔夫的歌声,响彻彭蠡湖滨,雁群感到寒意发出长鸣,鸣叫声一直持续到衡阳岸边。

登高远望，心胸顿感舒畅，飘逸脱俗的兴致兴起。排箫爽朗明快的乐响引来徐徐清风，柔缓的歌声缭绕不散，令白云陶醉。今日的盛宴像在睢园竹林的聚会，席间善饮的人，酒量超过彭泽县令陶渊明；像在邺水赞咏莲花的席上的文人，文采胜过临川内史谢灵运。良辰、美景、赏心、乐事这四种美好的事物都已经齐备，贤主、嘉宾也千载难逢。向天空中极目远眺，在假日里尽享欢娱。天高地远，令人感到宇宙的无穷；欢乐逝去，悲哀袭来，我想到万事万物的兴衰成败都是有定数的。远望长安沉落于夕阳之下，遥看吴郡隐现于云雾之间。地势极为偏远，大海深不可测，天柱山高不可攀，北斗星遥不可及。关山重重难以跨越，有谁同情我这不得志的人？萍水相逢，大家都是异乡之客。心系朝廷，却不被召见，什么时候才能像贾谊那样去侍奉君王呢？

唉！各人的时机不尽相同，人生的命运多有不顺。冯唐到老也只是个郎官，李广军功显赫却不得封侯。贾谊被贬长沙，并不是没有贤明的君主；梁鸿到齐鲁海边隐居，不也是在政治昌明的时代吗？只不过是君子安于清贫，通达的人知道自己的命数罢了。年纪大了应当更有壮志，哪能在白发苍苍时改变自己的心志？处境艰难反该更加坚强，不能放弃凌云之志。这样即使喝了贪泉的水，仍然觉得心清无尘；处在干涸的车辙中，还能保持乐观开朗。北海虽然遥远，乘着旋风仍然可以到达；过去的时光虽然已经消逝，珍惜将来的日子还不算晚。孟尝品行高洁，却空有报国之心；阮籍狂放不羁，怎能效仿他在无路可走时便恸哭而返？

　　我王勃，地位卑微，只是一介书生，虽然和终军年龄相同，却没有报国的机会；我像班超那样有投笔从戎的豪情，也有宗悫乘风破浪的壮志。如今我抛弃一生的功名，到万里之外去侍奉父亲。我虽然不是谢玄那样的人才，却结识了诸位名家。过些天我到父亲那里聆听教诲，一定像孔鲤那样有礼；而今天有幸参加宴会，如登龙门。司马相如倘若没有杨得意的引荐，虽有文才也只能独自叹惜；伯牙既然遇到钟子期那样的知音，演奏一曲高山流水又有什么羞愧的呢？

　　唉！名胜之地不能常游，盛大宴会难以再逢。兰亭集会的盛况已成陈迹，繁华的金谷园也变为废墟。我有幸参加这次盛宴，蒙受阎公之恩，故写此篇序文以纪念；至于登高作赋，那就指望在座诸公了。竭尽心力，恭敬地写下这篇小序。一说每人都请赋诗，我的一首四韵小诗也已写成。

知识收藏夹

- **古今异义**

    千里**逢迎** ◎古义：迎接。今义：说话和做事故意迎合别人的心意。

    孟**学士**之词宗 ◎古义：指掌管文学撰的官。今义：读书人；学位的最低一级，大学本科毕业时授予。

    阮籍**猖狂** ◎古义：狂放、不拘礼节。今义：狂妄放肆。

- **一词多义**

    尽 { 宾主**尽**东南之美 ◎副词，全，都。
    潦水**尽**而寒潭清 ◎动词，消尽。

    引 { 控蛮荆而**引**瓯越 ◎动词，连接。
    恭疏短**引** ◎名词，序。

    穷 { **穷**岛屿之萦回 ◎动词，极尽。
    响**穷**彭蠡之滨，穷睇眄于中天 ◎动词，直达。

    胜 { **胜**友如云 ◎形容词，才华出众的。
    躬逢**胜**饯 ◎形容词，盛大的。

    怀 { **怀**帝阍而不见 ◎动词，想念。
    有**怀**投笔 ◎名词，心思。

- **词类活用**

    襟三江而**带**五湖 ◎名词的意动用法，襟：以……为衣襟；带：以……为带。

    雄州**雾**列 ◎名词用作状语，像雾一样。

俊采**星**驰 ◎名词用作状语，像星星一样。

徐孺**下**陈蕃之榻 ◎动词的使动用法，使……放下。

宾主尽东南之**美** ◎形容词用作名词，俊美的人，俊杰。

屈贾谊于长沙 ◎动词的使动用法，使……受委屈。

- **文言句式**

都督阎公之雅望 ◎倒装句，定语后置，正确语序为"雅望之都督阎公"。

宇文新州之懿范 ◎倒装句，定语后置，正确语序为"懿范之宇文新州"。

俨骖騑于上路，访风景于崇阿 ◎倒装句，介词结构后置，正确语序为"于上路俨骖騑，于崇阿访风景"。

纤歌凝而白云遏 ◎被动句，"遏"是"止"的意思，在文中表示被动的含义，指被歌声所阻止。

王老师 说

　　滕王阁号称江南三大名楼之一，位于今江西省南昌市。公元675年，时任南昌故郡洪州都督的阎伯屿重修了滕王阁。九月九日重阳节，都督阎伯屿在滕王阁举行盛宴，邀请许多文人雅士和亲朋好友，为新修的滕王阁写赞文。王勃是当时小有名气的文士，去外地省亲时路过南昌，也被邀请参加宴会。在宴会上，王勃看到滕王阁的壮阔之景，心中诗意大发，即席挥笔写就千古名篇《滕王阁序》。

　　全篇共分为四个部分，第一部分点明滕王阁所在地点，也就是南昌故郡洪州。在作者的诗句中，该地地势雄伟，物产丰富，人杰地灵，让人不禁产生向往之情。然后简要介绍了宴会的举办缘由和宴会盛况。段末简述了自己参加宴会的原因，也就是到交趾看望父亲，路过此地有幸被邀请参加盛宴。

　　第二部分描写登上滕王阁所见的壮阔之景，自雄伟楼阁到俊秀山河，无不尽显滕王阁的秋景之美、秋色之最。其中"落霞与孤鹜齐飞，秋水共长天一色"一句更是千古绝唱。想象一下，在夕阳余晖的映照之下，天边的晚霞仿佛和水中的野鸭在一起飞翔，波光粼粼的水面和远处的天边连为一体。这句诗精妙地融合了秋景中的静态与动态、光影与色彩，这种全方位的美带给了读者无限的想象。

　　第三部分写宴会的气氛达到高潮，众人登高望远，开始吟诗作赋。作者举目远眺，在良辰美景的烘托之下，一时之间心中涌起豪情雅兴，想到天高地远、宇宙无垠，不禁评古论今，感叹人生短暂，需要把握人生际遇。从中我们可以读出作者的壮志难酬、怀才不遇。最后作者畅舒胸中志向，对宾主致谢，感谢知遇，也荣幸参宴，与开头遥相呼应，紧扣主题。

《滕王阁序》这篇文章的语言特色鲜明，句式工整，色彩丰富，音韵协调，同时蕴含了深刻的哲理，不愧为千古名篇。这篇文章告诉我们，生活中即使遇到坎坷或困难，也要抱有乐观向上的人生态度，不能自暴自弃，而是勇敢面对这些挑战，积极寻求解决问题的办法。

第三章

陋室铭

让我们来认识一下刘禹锡吧！

姓　　名：刘禹锡
性　　别：男
生活时代：唐
人物背景：刘禹锡有『诗豪』之称，出生于儒学世家。刘禹锡在政治上主张革新，是王叔文派政治革新活动的中心人物之一，后来永贞革新失败被贬为朗州司马。
代表名句：
自古逢秋悲寂寥，我言秋日胜春朝。
（《秋词二首·其一》）
沉舟侧畔千帆过，病树前头万木春。
（《酬乐天扬州初逢席上见赠》）

知人论世

刘禹锡（772—842），字梦得，洛阳（今属河南）人，唐代文学家、哲学家。唐朝诗歌的发展，在文学史上一般被分为四个时期：初唐、盛唐、中唐和晚唐。初唐就是骆宾王写《咏鹅》的那个时期；盛唐是李白、杜甫所处的时期；中唐也就是白居易、刘禹锡所处的时期。

刘禹锡的诗，特点是大气豪放，所以人称"诗豪"。很多文人不喜欢秋天，感觉万物萧瑟，看不到生机。但是刘禹锡却写出了"自古逢秋悲寂寥，我言秋日胜春朝"这样的一句诗，透露出了他的自信与洒脱。你看，刘禹锡绝对不是按套路出牌的人。

刘禹锡的名和字也有来历。据传刘禹锡的母亲有一天晚上梦

到了大禹，大禹说要送给她一个孩子。不久之后刘母就怀孕了。刘禹锡的父母认为，这个孩子就是"大禹赐给我的儿子"，因此给他取名"禹锡"（锡义之一即为赐），表字"梦得"，意思是"做梦得到的"。

刘禹锡很小的时候就能把《诗经》《尚书》倒背如流，几乎一字不差，用现在的话说就是学霸一个。他十九岁离开故乡洛阳，到长安参加科举考试，二十二岁就进士及第。跟他一起考中的还有柳宗元，二人成为好友，世人称他们二人为"刘柳"。刘禹锡晚年的时候，跟白居易的关系也很好，世人称他们二人为"刘白"。

贞元末年，当时的太子名叫李诵，他的身边有一位侍读名叫王叔文。李诵非常信任王叔文，王叔文建议李诵广纳青年才俊，以便日后改革。刘禹锡、柳宗元等人结交于王叔文，于是形成了一个以王叔文为首的政治团体。没过多久，太子李诵正式登上了皇位，即唐顺宗。于是一场轰轰烈烈的改革开始了，历史上称为"永贞革新"。这场改革以打击宦官势力、革除政治积弊为主要目的。虽然改革的出发点很好，但是仅持续了一百多天。因为改革触犯了藩镇、宦官和大官僚们的利益，在保守势力的联合反扑下，势必不能长久。唐顺宗此时也得了一种怪病，口眼歪斜，不能说话，只能用眼神交流。这种病在今天我们称之为中风，得了中风还怎么继续做皇帝？于是李诵禅位给太子李纯。新皇帝上任后，对改革深恶痛绝，王叔文被赐死，政治团体中的其他人也遭到了不同程度的贬谪，刘禹锡与柳宗元等八人先被贬为远州刺史，随后加贬为远州司马。这就是历史上著名的"八司马事件"。

  我们之前讲过了，刘禹锡是一个豪放派的人，就是不管多大的困难，都能以平和的心态面对。相传革新失败后，刘禹锡有一次被贬任到和州（今安徽和县）任通判。当时皇帝对他依然非常不待见，和州县令也是狗眼看人低，觉得既然皇帝不喜欢你，那我也得好好收拾收拾你。按规定，通判应在县衙里住三间三厢的房子。县令故意刁难刘禹锡，就安排他住在城南面江的三间小屋里。结果刘禹锡就拿笔写出："面对大江观白帆，身在和州思争辩。"并把这两句话贴在了门上。县令知道后很生气，把刘禹锡的住处搬离城南，换成只有一间半的小土屋。去了以后，刘禹锡仍不在意，拿笔继续写出了："垂柳青青江水边，人在历阳心在京"。这小县令一看更生气了，于是给刘禹锡换了一间又破又小的屋子。就在这么艰难的环境下，刘禹锡依然毫不在意，提笔写下了那篇名垂千古的《陋室铭》。

- 字梦得。
- 诗歌豪放，被称"诗豪"。
- 生活在中唐时期。
- 与唐代文豪柳宗元齐名，两人被称为"刘柳"。
- 参与唐朝著名的政治改革：永贞革新。
- 与白居易交往颇多，两人被称为"刘白"。
- 《陋室铭》作于在安徽和州做通判之时。

刘禹锡被贬官历经坎坷，但他用《陋室铭》告诉世人：我绝不屈服，依然豪迈！

读一读 ·《陋室铭》

读准字音,读准停顿,读懂语气

山不在高,有仙则名;水不在深,有龙则灵。斯是陋室,惟吾德馨。苔痕上阶绿,草色入帘青。谈笑有鸿儒,往来无白丁。可以调素琴,阅金经。无丝竹之乱耳,无案牍之劳形。南阳诸葛庐,西蜀子云亭。孔子云:"何陋之有?"

古文 今译

　　山不一定要有多高，有仙人居住就会有名气；水不一定要有多深，有龙居住就会显神灵。这是一间简陋的屋舍，只因为住在这里的我品德好，而使它芳名远扬。苔藓蔓延到台阶上，台阶都被染成一片翠绿；草色映入竹帘，室内都被映成了青色。在这里一起谈笑的都是博学的人，来往的没有不学无术之徒。平时可以弹奏清雅的古琴，浏览珍贵的佛经。没有世俗的繁弦急管扰乱人的心境，也没有官府公文让人劳神费心。这儿就好比诸葛亮在南阳时住的草庐，杨子云在西蜀时住的玄亭。孔子说："这有什么简陋的呢？"

知识收藏夹

- **古今异义**

  惟吾德**馨** ◎古义：德行美好。今义：散布得远的香气。

  无**丝竹**之乱耳 ◎古义：管弦乐器，指音乐。今义：丝绸和竹子。

  无案牍之劳**形** ◎古义：形体、躯体。今义：样子，形状。

- **词类活用**

  有仙则**名** ◎名词用作动词，出名、有名。

  有龙则**灵** ◎形容词用作动词，有灵性。

  无丝竹之**乱**耳 ◎形容词的使动用法，使……乱，扰乱。

  无案牍之**劳**形 ◎形容词的使动用法，使……感到劳累。

- **文言句式**

  何陋之有 ◎倒装句。宾语前置，宾语"何陋"前置到动词"有"之前，正常语序为"有何之陋"。

王老师 说

《陋室铭》这篇文章的写作特色是托物言志、层层铺垫。托物言志指通过对物品的描写和叙述,表达自己的志向和意愿。

《陋室铭》之所以千百年来被人传唱,津津乐道,不仅在于它的写作特色,还在于它所传达出的一种乐观豁达的人生态度。《陋室铭》通过对陋室的描写和赞颂,抒发了作者甘居陋室、安贫乐道的思想感情,表现了不慕富贵、不与世俗同流合污的高尚节操,这也是全文的主旨所在。不足百字的《陋室铭》告诉我们,不管身处什么环境,都要保持乐观平和的心态,才能更好地面对生活的挑战。

第四章 阿房宫赋

让我们来认识一下杜牧吧!

姓　　名:杜牧
性　　别:男
生活时代:唐
人物背景:杜牧,字牧之,号樊川居士,唐代杰出的诗人、散文家。杜牧的诗歌以七言绝句著称,在晚唐成就颇高。杜牧与李商隐并称『小李杜』,因晚年居住在长安樊川别墅,故后世称『杜樊川』,著有《樊川文集》。
代表名句:
停车坐爱枫林晚,霜叶红于二月花。(《山行》)
借问酒家何处有?牧童遥指杏花村。(《清明》)

知人论世

杜牧（803—853），字牧之，号樊川居士，京兆万年（今陕西西安）人。杜牧是唐代杰出的诗人、散文家，著有《樊川文集》。杜牧的诗歌以七言绝句著称，内容以咏史抒怀为主，其诗歌英发俊爽，多切经世之物，在晚唐成就颇高。杜牧人称"小杜"，有别于杜甫。杜牧与李商隐并称"小李杜"，有别于李白和杜甫的"大李杜"。这里的小李杜不是说他们的诗词的水平比李白、杜甫差，而是年龄比他们小，所以叫"小李杜"。

杜牧属于标准的名门望族之后，世代皆有显官，家境殷实，家教良好。他是宰相杜佑之孙，驾部员外郎杜从郁之子。在这样的家庭环境之下，杜牧从小就喜好读书，学习讨论兵法。唐文宗

大和二年（828），杜牧二十六岁，高中进士，授弘文馆校书郎。后为江西观察使幕僚，转淮南节度使幕僚，外放任黄州、池州、睦州刺史等职。因晚年居长安城南的樊川别墅，故后世称"杜樊川"。

杜牧生于藩镇割据、宦官专政、党争倾轧的年代，唐王朝已经处于风雨飘摇之时。面对国家内忧外患、危如累卵的局面，杜牧渴望拯救国家危局，使百姓安居乐业，但他心有余而力不足，只能通过文章来发表自己的政治见解，议论军事方略。他曾注解《孙子》十三篇，写过《罪言》等有关政治、军事的论文，提出了一些重要的用兵之策。然而，他的言论却得不到重视。

《阿房宫赋》写于唐敬宗宝历元年（825），当时的唐代社会阶级矛盾异常尖锐。唐穆宗李恒因沉溺声色而送命，接替他的唐敬宗李湛，荒淫更甚。对于这一切，杜牧既愤慨又痛心，写下了《阿房宫赋》。这篇文章通过对阿房宫的规模宏大、极尽奢华的描写，再写到阿房宫的毁灭，生动形象地为我们总结了秦朝统治者骄奢亡国的历史教训，同时也向唐朝统治者发出了警告。文章表现了一个为人正直的文人忧国忧民的情怀，全文运用了想象、比喻、夸张等手法，以及描写、铺排和议论等方式，骈散结合，错落有致。文章的语言非常精炼工整，但不是一味堆砌辞藻，华丽又不浮华，气势雄健，风格非常豪放。

字牧之，号樊川居士。

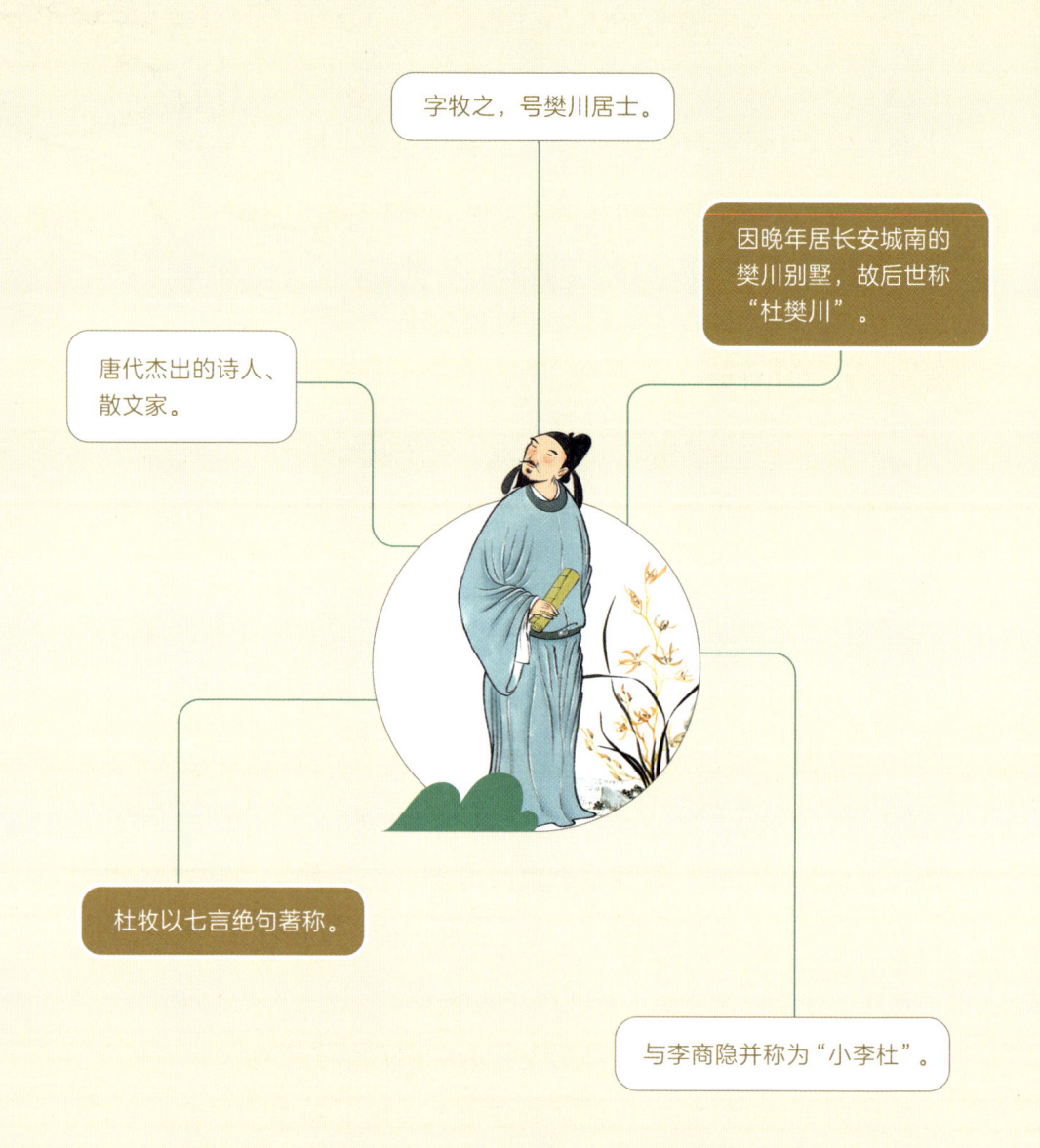

因晚年居长安城南的樊川别墅，故后世称"杜樊川"。

唐代杰出的诗人、散文家。

杜牧以七言绝句著称。

与李商隐并称为"小李杜"。

《唐才子传》史书上对杜牧的评价："美容姿，好歌舞，风情颇张，不可自遏"。

读一读 ·《阿房宫赋》

读准字音，读准停顿，读懂语气

　　六王毕，四海一，蜀山兀，阿房出。覆压三百余里，隔离天日。骊山北构而西折，直走咸阳。二川溶溶，流入宫墙。五步一楼，十步一阁，廊腰缦回，檐牙高啄，各抱地势，钩心斗角。盘盘焉，囷（qūn）囷焉，蜂房水涡，矗不知其几千万落。长桥卧波，未云何龙？复道行空，不霁何虹？高低冥迷，不知西东。歌台暖响，春光融融，舞殿冷袖，风雨凄凄。一日之内，一宫之间，而气候不齐。

　　妃嫔媵（yìng）嫱，王子皇孙，辞楼下殿，辇（niǎn）来于秦。朝歌夜弦，为秦宫人。明星荧荧，开妆镜也；绿云扰扰，梳晓鬟也；渭流涨腻，弃脂水也；烟斜雾横，焚椒兰也；雷霆乍惊，宫车过也，辘辘远听，杳不知其所之也。一肌一容，尽态极妍，缦立远视，而望幸焉。有不得见者，三十六年。燕、赵之收藏，韩、魏之经营，齐、楚之精英，几世几年，取掠其人，倚叠如山。一旦不能有，输来其间。鼎铛（chēng）玉石，金块珠砾，弃掷逦迤（lǐyǐ），秦人视之，亦不甚惜。

　　嗟乎！一人之心，千万人之心也。秦爱纷奢，人亦念其家。奈何取之尽锱铢（zīzhū），用之如泥沙？使负栋之柱，多于南亩之农夫；架梁之椽（chuán），多于机上之工女。钉头磷磷，多于在庾之粟粒；瓦缝参差，多于周身之帛缕。直栏横槛，多于九土之城郭；管弦呕哑，多于市人之言语。

使天下之人，不敢言而敢怒，独夫之心，日益骄固。戍卒叫，函谷举，楚人一炬，可怜焦土。

呜呼！灭六国者，六国也，非秦也。族秦者，秦也，非天下也。嗟夫！使六国各爱其人，则足以拒秦。秦复爱六国之人，则递三世，可至万世而为君，谁得而族灭也？秦人不暇自哀，而后人哀之，后人哀之而不鉴之，亦使后人而复哀后人也！

古文 今译

　　六国灭亡，天下统一，蜀地的山变得光秃秃了，阿房宫建造出来了。它面积广大，覆盖三百多里地，殿宇高耸，遮天蔽日。它从骊山北边建起，折而向西，一直通到咸阳。渭水、樊川浩浩荡荡，流进了宫墙。五步一座楼，十步一个阁，走廊曲折，如腰带一样萦绕；檐牙高耸，如鸟仰首啄物。楼阁各随地势的高低走向而建，宫室结构向核心辐辏，又互相争雄斗势。楼阁盘结交错，曲折回旋，如密集的蜂房，如旋转的水涡，高高地耸立着，不知道有几千万座。长桥横卧在水波上，天空没有风起云涌，何处飞来了龙？楼阁间的通道飞跨在天空中，不是雨后初晴，怎么出现了彩虹？四周高低起伏，幽深迷离，使人不能分辨东西南北。人们在楼台上唱歌，歌声嘹亮，好像充满暖意，如同春光那样和暖；人们在殿中舞蹈，舞袖飘拂，好像带来寒气，如同风雨交加那样凄冷。一天之中，一宫之内，气候却如此不同。

　　六国王侯们的妃嫔侍妾、王子皇孙，离开自己的宫殿，坐着车子被拉到秦国。她们早上唱歌，晚上奏乐，成为秦国的宫人。明亮的星星晶莹闪烁，那是宫女们打开了梳妆的镜子；乌青的云朵纷纷扰扰，那是宫女们在梳理晨妆的发髻；渭水上涨起一层油腻，那是宫女们泼掉的胭脂水；烟霭斜升，云雾横绕，那是宫女们燃起了椒兰在熏香；雷霆突然震响，那是皇帝乘坐的宫车驶过；辘辘的车声越听越远，也不知道要去什么地方。宫女的每一寸肌肤，每一种容颜，都美丽娇媚得无以复加，久久站立，倚门远眺，盼望着皇帝驾临。有些人竟这样等了三十六年，都没能见到皇帝。燕国、赵国收藏的金银，韩国、魏国聚敛的珠宝，齐国、楚国挑选的玉器，都是诸侯年深日久，从他们的老百姓那里掠夺来的，堆积如山。一旦国破家亡，这些再也不能占有了，都被运送到阿房宫里来。宝鼎被当作铁锅，美玉被当作顽石，黄金被当作土块，珍珠被当作砂砾，随便丢弃，遍地都是，秦人看见这些，也并不觉得可惜。

可叹啊！一个人的意愿，也就是千万人的意愿啊。秦

始皇喜欢繁华奢侈，百姓也顾念他们自己的家。为什么掠取珍宝时连一锱一铢都要搜刮干净，挥霍起珍宝来竟像对待泥沙一样？致使承担栋梁的柱子，比田地里的农夫还多；架在梁上的椽子，比织机上的女工还多；梁柱上密集的钉头，比粮仓里的粟粒还多；宫殿上参差交错的瓦楞，比全身的丝缕还多；纵横连接的栏杆，比全国的城郭还多；管弦奏出的嘈杂声，比集市上的人声还多。看着这些的天下百姓，口里不敢说，心里却敢愤怒。可是秦始皇独裁的思想，一天天更加骄横顽固。结果戍卒大呼而起，函谷关被一举攻下，楚兵一把大火，可惜阿房宫化为一片焦土。

唉！消灭六国的是六国自己，而不是秦国；消灭秦国的是秦王朝自己，不是天下的人。可叹啊！要是六国都能爱护自己的百姓，就完全能够抵挡住秦国。要是秦国能够爱护六国的百姓，那么皇位就可以传到三世甚至传到万世，谁又能够消灭它呢？秦人来不及哀悼自己，而后人替他们哀伤；如果后人哀悼他们却不把他们作为鉴戒吸取教训，只怕又会使更后世的人再来哀悼这后人呢！

知识收藏夹

- **古今异义**

  钩心斗角 ◎古义：指宫室结构的参差错落，精巧工致。今义：指各用心机，互相排挤。

  明星荧荧 ◎古义：明亮的星光。今义：称有名的演员、运动员等。

  韩、魏之**经营** ◎古义：指金玉珠宝等物。今义：指筹划、管理并组织。

  齐、楚之**精英** ◎古义：指金玉珠宝等物。今义：指优秀人才。

  可怜焦土 ◎古义：可惜。今义：怜悯，同情。

- **一词多义**

  一 { 六王毕，四海一 ◎动词，统一。
  楚人一炬，可怜焦土 ◎数词，次数一。

  爱 { 秦爱纷奢，人亦念其家 ◎喜爱。
  使秦复爱六国之人 ◎爱护。

  尽 { 一肌一容，尽态极妍 ◎副词，达到顶点。
  奈何取之尽锱铢 ◎连词，以至。

  使 { 使天下之人，不敢言而敢怒 ◎动词，让。
  使秦复爱六国之人 ◎连词，假使。

  为 { 朝歌夜弦，为秦宫人 ◎动词，是，成为。
  则递三世可至万世而为君 ◎动词，做，当。

- **词类活用**

    骊山**北**构而**西**折　◎名词用作状语，向北；向西。

    未云何**龙**　◎名词用作动词，出现龙。

    不霁何**虹**　◎名词用作动词，出现虹。

    朝**歌**夜**弦**　◎名词用作动词，唱歌；奏乐。

    廊**腰**缦回　◎名词用作状语，像腰带一样。

    族秦者，秦也　◎名词用作动词，灭族，这里指消灭。

- **文言句式**

    灭六国者六国也，非秦也　◎判断句，"……也"表判断。

    五步一楼，十步一阁　◎省略句，省略谓语"有"，应为"五步有一楼，十步有一阁"。

    多于南亩之农夫　◎倒装句，介词结构后置，正确语序为"于南亩之农夫多"。

王老师 说

　　辞赋的创作发展到中晚唐时期，文人们的作品内容对现实的抨击更为激烈，作品思想中隐遁和颓废的情绪更加浓厚了，这都源自当时尖锐复杂的社会矛盾。杜牧就生活在这一时期，所以在很大程度上，杜牧的《阿房宫赋》代表了这一时期辞赋的创作特征。

　　阿房宫始建于秦始皇三十五年（公元前212年），历代相传秦亡时被项羽烧毁。在《阿房宫赋》中，杜牧用丰富的想象描绘了阿房宫的雄伟和奢华，但却并非仅仅赞叹它的宏伟，而是影射当时的社会现实，朝廷腐败、民不聊生，却仍大兴土木。阿房宫的建造到毁灭，就是一个深刻的历史教训，告诫统治者穷奢极欲，不爱惜人民，最终只能导致灭亡。

　　本文分为四个部分，首先描写了阿房宫的气势和规模，体现其宏伟壮丽；其次描写宫室内美女之盛、珍宝之多，体现其极致奢华；再次抒发了作者的悲愤之情，披露了统治者的骄奢淫逸和自取灭亡，这也是本文的主旨；最后用议论的方式，剖析秦国和六国灭亡的原因。

　　本文运用了想象、比喻与夸张等手法以及描写、铺排与议论等方式，骈散结合，错落有致。文章语言精练，工整而不堆砌，富丽而不浮华，气势雄健，风格豪放。尤其是最后一段非常值得我们品读，诗人用"呜呼"发出感叹，指出秦国和六国的灭亡都是因为统治者的骄奢淫逸和民不堪命。作者想要让当朝皇帝以此为鉴，引以为戒，有所作为。需要注意的是，文中"后人哀之而不鉴之，亦使后人而复哀后人也"一句中的"哀"，并不是在哀痛统治王朝的灭亡，而是对沉重的历史教训的"哀"，对"后人"不能以史为鉴而使后人为其灭亡哀叹的"哀"。

第五章

师说

让我们来认识一下韩愈吧!

姓　　名：韩愈
性　　别：男
生活时代：唐
人物背景：韩愈出生于唐朝的一个官员家庭，但是父母早逝，他由哥嫂抚养长大。韩愈自幼好学，成年后几次参加科举考试，终于进士及第。为官期间，韩愈直言进谏，屡遭贬官。韩愈是古文运动的倡导者，认为「文以载道」，是唐宋八大家之一。
代表名句：
我歌君子行，视古犹视今。(《幽怀》)
草树知春不久归，百般红紫斗芳菲。
(《晚春》)

知人论世

韩愈（768—824），字退之，河南河阳（今河南孟州）人，自谓"郡望昌黎"，世称"韩昌黎"，谥号"文"，故后世又称他为"韩文公"。唐代杰出的文学家、思想家、哲学家、政治家。

韩愈曾经居住在河北昌黎一代，那里曾经居住着很多名门贵族，韩愈也出生于一个官员家庭，父亲曾官至秘书郎。但不幸的是，韩愈三岁的时候，父亲就去世了，因此家道中落，韩愈由哥嫂抚养长大。在这样的家庭环境中，韩愈小小年纪就很懂事，并且勤奋好学。

成年后的韩愈也想要入朝为官。韩愈进京参加科举考试，三次仍未得中。贞元八年（792），韩愈第四次参加科举考试，终于登进士第，有了入仕的希望。贞元十二年（796），韩愈受宣武军节度使董晋推荐，得试秘书省校书郎，并出任宣武军节度使观察推官，这是韩愈从政的开始。此后几十年，韩愈的官场生涯起起伏伏，几遭排挤贬谪，直到晚年才做到吏部侍郎，因此又称"韩吏部"。

除了入朝为官，韩愈的一生在其他许多方面也有所成就。

在文学方面，韩愈是唐代古文运动的倡导者。他反对六朝以来浮华艳丽的文风，主张"文以载道"，提出"惟陈言之务去"

的口号，对当时和后世有深远影响。韩愈的主要作品有《昌黎先生集》。

在思想方面，韩愈是唐代重要的思想家。唐代中叶，儒学式微，释、道盛行，韩愈力辟佛、老，致力于复兴儒学，传播儒学传统。他所倡导的古文运动，本质上也是以儒学思想为基础的，是复兴儒学的重要手段。

在教育方面，韩愈提出了深刻进步的教育思想，是一位有创造性见解的教育家，留下了许多相关主题的文章。唐代中期，社会上存在着"耻学于师"的风气。韩愈打破了这种不良的社会风气，恢复师道广招后学。在《马说》一文中，韩愈以马为喻，探讨了人才的启用问题，表达了对统治者不能识别人才、重视人才，导致人才被埋没的强烈愤慨。关于教育方面的文章，其中有名的还有《师说》。

《师说》作于贞元十八年（802），韩愈正在长安担任国子监的四门博士，官职七品，而当时国子监大约有几百名学生，这些

学生大多都是五品以上文武官的子孙后代，或者是拥有世袭爵位的王宫贵族。

　　韩愈看到自己的学生们以向老师求教为耻，对封建阶级上层士大夫之族的这股恶劣风气深恶痛绝。于是假借赠送学生李蟠之名，写了这篇《师说》。这是一篇说明教师重要性、从师学习的必要性以及择师原则的论说文。"师说"的意思是讲述关于从师的道理，这里的"师"指社会上有所成就、能够传道授业解惑的人，而并不是狭义的老师。"说"是古代的一种议论文体，可以是先叙后议，也可以是夹叙夹议，有点类似于今天的杂谈。

官至吏部侍郎，又称"韩吏部"。

"古文运动"的倡导者。

主张"文以载道"，提出"惟陈言之务去"的口号。

主要作品有《昌黎先生集》。

字退之，自谓"郡望昌黎"，世称"韩昌黎"，谥号文，故后世又称他为"韩文公"。

韩愈在文学、教育、思想等方面提出了许多超前的见解，对当时和后世有深远的影响。

师说 • 57

> 读一读 · 《师说》

读准字音，读准停顿，读懂语气

古之学者必有师。师者，所以传道、受业、解惑也。人非生而知之者，孰能无惑？惑而不从师，其为惑也，终不解矣。

生乎吾前，其闻道也，固先乎吾，吾从而师之；生乎吾后，其闻道也，亦先乎吾，吾从而师之。吾师道也，夫庸知其年之先后生于吾乎？是故无贵无贱，无长无少，道之所存，师之所存也。

嗟乎！师道之不传也久矣，欲人之无惑也难矣。古之圣人，其出人也远矣，犹且从师而问焉；今之众人，其下圣人也亦远矣，而耻学于师。是故圣益圣，愚益愚。圣人之所以为圣，愚人之所以为愚，其皆出于此乎？

爱其子，择师而教之；于其身也，则耻师焉，惑矣！彼童子之师，授之书而习其句读者也，非吾所谓传其道、解其惑者也。句读之不知，惑之不解，或师焉，或不（fǒu）焉，小学而大遗，吾未见其明也。

巫医、乐师、百工之人，不耻相师；士大夫之族，曰师、曰弟子云者，则群聚而笑之。问之，则曰："彼与彼年相若也，道相似也。位卑则足羞，官盛则近谀。"呜呼！师道之不复，可知矣。巫医、乐师、百工之人，君子不齿，今其智乃反不能及，其可怪也欤！

圣人无常师。孔子师郯子、苌弘、师襄、老聃。郯子之徒，其贤不及孔子。孔子曰："三人行，则必有我师。"是故弟子不必不如师，师不必贤于弟子，闻道有先后，术业有专攻，如是而已。

李氏子蟠，年十七，好古文，六艺经传皆通习之，不拘于时，学于余。余嘉其能行古道，作《师说》以贻之。

古文 今译

　　古代求学的人一定有老师。所谓的老师，就是传授道理、教授学业、解答疑难问题的人。人不是生下来就懂得道理的，谁能没有疑惑呢？有了疑惑，如果不向老师学习请教，那些存在的疑惑，就始终不能理解。

　　在我之前出生的人，他懂得道理本来就早于我，我应该跟从他，把他当作老师；在我之后出生的人，如果他懂得道理也早于我，我也应该跟从他，把他当作老师。我学习的是道理，哪用管老师的年纪比我大还是比我小呢？因此，无论地位高低，无论年纪大小，道理存在的地方，就是老师存在的地方。

　　唉！古代从师学习的风尚已经失传很久了，想要人们没有疑惑也就很难。古代的圣人，他们的才智超出一般人很多，尚且还要跟从老师请教；现在的一般人，他们的才智远低于圣人，却以向老师学习为耻。因此圣人就更加圣明，愚人就更加愚昧。圣人之所以能成为圣人，愚人之所以成为愚人，大概都出于这个原因吧？

　　人们爱自己的孩子，就选择老师来教育孩子；但是他们自己呢，却以跟从老师学习为耻，这真是令人费解啊！那些孩子的老师，是教他们读书，帮助他们学习断句的，不是我所说的能传授道理、解答疑难问题的。不理解文句的去向老师请教，不能解决疑惑的却不向老师请教；小的方面要学习，大的方面反而放弃不学，我没看出那种人的明智之处。

巫医、乐师和各种工匠，他们都不以互相学习为耻。而士大夫这类人，听到有人称呼"老师""弟子"，就成群聚在一起嘲笑人家。问他们原因，他们就说："这两人年龄差不多，道德学问也差不多。如果以地位低的人为师，就觉得羞耻，以官职高的人为师，就近乎谄媚了。"唉！从这些话里就可以明白，古代那种跟从老师学习的风尚不可能恢复了。巫医、乐师和各种工匠，君子们不屑与他们为伍，现在君子们的见识竟反而赶不上这些人，真是令人奇怪啊！

圣人没有固定的老师。孔子曾向郯子、苌弘、师襄、老聃都请教过。郯子这些人，他们的贤能都比不上孔子。孔子说："三人（几个人）一起走路，其中一定有可以当我的老师的人。"因此，学生不一定不如老师，老师也不一定比学生强，学习道理有早有晚，学问技艺各有专长，如此罢了。

李家的孩子蟠，年龄十七，喜欢古文，六经的经文和传文都全面地学习了，他不受世俗的拘束，向我学习。我赞许他能够遵行古人从师的风尚，特意写下这篇《师说》来赠予他。

知识收藏夹

- **通假字**

  师者,所以传道**受**业解惑也 ◎受,通"授",传授。

  或师焉,或**不**焉 ◎不,通"否",指不从师学习。

- **古今异义**

  古之**学者**必有师 ◎古义:求学的人。今义:在学术上有一定成就的人。

  今之**众人**,其下圣人也亦远矣 ◎古义:一般人。今义:大家,许多人。

  是故弟子**不必**不如师 ◎古义:不一定。今义:表示事理上或情理上不需要。

- **一词多义**

  师 ⎰ **师**者,所以传道受业解惑也 ◎名词,老师。
  　　 吾**师**道也 ◎动词,学习。
  　　 吾从而**师**之 ◎意动用法,以……为师。
  　　 或**师**焉,或不焉 ◎动词,向老师学。

  传 ⎰ **传**道受业解惑也 ◎动词,传授。
  　　 师道之不**传**也久矣 ◎动词,流传。
  　　 六艺经**传**皆通习之 ◎名词,传文。

  道 ⎰ 师**道**之不传也久矣 ◎名词,风尚。
  　　 生乎吾前,其闻**道**也固先乎吾 ◎名词,道理、规律。

- **词类活用**

    吾从而**师**之 ◎名词的意动用法，以……为师。

    吾**师**道也 ◎名词用作动词，学习。

    师道之不传也久矣 ◎名词用作动词，从师学习。

    其**下**圣人也亦远矣 ◎名词用作动词，低于。

    而**耻**学于师 ◎形容词的意动用法，以……为耻。

    位卑则足**羞** ◎形容词的意动用法，以……为羞。

- **文言句式**

    师者，所以传道受业解惑也 ◎判断句，"……者，……也"表判断。

    不拘于时 ◎被动句，"……于……"表被动。

    耻学于师 ◎倒装句，状语后置，正常语序为"耻于师学"。

    师不必贤于弟子 ◎倒装句，状语后置，正常语序为"师不必于弟子贤"。

王老师 说

　　《师说》是韩愈有名的说理文，成文时韩愈虽然才三十五岁，官职也不是很高，但是他在文坛上已经有了名望，韩愈作此文就是为了纠正当时不重视求师学习的不良风气。

　　全文分为四个部分。第一部分即第一段，首先强调了从师的重要性，论述了为什么要从师和从什么人为师的道理，阐述了为师基本任务：传道、授业、解惑。第二部分为第二到第四段，批判了当时人们不重视师道的不良风尚。连用三层对比，以古之圣人与今之众人做对比，"爱其子"与"于其身"对比，以百工之人与士大夫之族做对比，全部都列举了事实，有力地批判了当时士大夫们不能尊师重道的愚蠢。第三部分为第五到第六段，正面说明人必有师，列举古代圣人重视师道的事迹，说明人们应该多方面地向别人学习，而老师和学生也只是相对而言的，只是闻道有先后，术业有专攻的区别罢了。最后一部分即最后一段，简要说明文章写作的原因。

　　全文的中心思想，重在论述师道的重要性，深度驳斥了士大夫们的恶意诽谤，抨击了当时轻视师道的不良风尚，为开展古文运动扫除思想障碍。文中关于如何求学的见解，非常精辟，是对于后人读书求学的最好的启发。

　　我们知道韩愈一生多次被贬，所以《师说》这篇文章其实也是表达他心中对朝政的不满，同时批判当时社会不合理的现象。《师说》提出了深刻的教育问题，因此直到今天仍具有现实意义。

第六章 马说

让我们来认识一下韩愈吧！

姓　　名：韩愈
性　　别：男
生活时代：唐
人物背景：韩愈出生于唐朝的一个官员家庭，但是父母早逝，他由哥嫂抚养长大。韩愈自幼好学，成年后几次参加科举考试，终于进士及第。为官期间，韩愈直言进谏，屡遭贬官。韩愈是古文运动的倡导者，认为「文以载道」，是唐宋八大家之一。

代表名句：
天街小雨润如酥，草色遥看近却无。
（《早春呈水部张十八员外》）
白雪却嫌春色晚，故穿庭树作飞花。
（《春雪》）

知人论世

韩愈（768—824），字退之，谥号文，世称"韩文公"，自谓"郡望昌黎"，世称"韩昌黎"。

我们首先说韩愈的名和字，韩愈的"愈"是怎么来的呢？韩愈生于中唐时期，他父亲官至秘书郎。但是非常遗憾，韩愈三岁的时候，父亲就去世了，所以韩愈是由堂哥和堂嫂抚养长大的。据传，韩愈的嫂子一心希望他长大后成为一个有本事的人。他有两个堂哥，大哥名叫韩会，二哥名叫韩介，都是人字头的名字。所以嫂子也想为他取一个人字头的学名。于是韩愈说："那我就叫韩愈吧，'愈'字的意思是超越，意味着越来越好，我长大后，一定要做一番大事业。" 在哥哥和嫂子的带领下，韩愈从小就熟读古籍名篇，积累了大量的知识。

韩愈的确想做一番大事业。成年之后，韩愈进京参加科举考试，三次仍未得中。因为唐朝科举考试难度很大，每年进士的录取率只有百分之一二。三次考试都没考上，韩愈感到很郁闷，于是移居洛阳寻找友人。在洛阳，他结识了自己未来的妻子卢小姐。据说韩愈向卢小姐谈起自己求官的失意之事，卢小姐非常有才气，听完后她对韩愈说："人求言实，火求心虚。欲成大器，必先退之。"意思是做人要讲实话、办实事，火的中间是空的，但是它的外焰却很有威力。如果人想成大器，就要在恰当的时机学会谦虚。韩愈听后很受启发，就给自己取字为"退之"，表明自己自谦的态度。韩愈在为自己取了字之后，他的人生开始发生了一些改变。他第四次参加科举考试，终于登进士第。

韩愈的谥号是"文"，这说明他曾取得高品级的官职。因为唐朝规定，三品以上的官员才有得谥号的资格。官员去世后，一般由朝廷的礼部根据他一生的功绩做出评价，在皇帝同意的情况下赐谥。"文"是古代文官的最高谥号，说明皇帝给韩愈的评价是文官中最高的。

韩愈的家族曾经居住在昌黎一带，那里居住着很多名门贵族，因此韩愈自称"郡望昌黎"，世称"韩昌黎"。韩愈不仅是文学家，还是哲学家、思想家。韩愈还是古文运动的倡导者。唐朝经济发达、国力强盛，百姓生活富足、安居乐业。所以各种文章的文字间充满了浪漫浮华。许多文章为了表达歌颂、赞美之情，充斥着"你好漂亮""宫殿好辉煌"这样的溢美之词。虽然表面上辞藻华丽，但这样的诗歌和文章不能传播真正的、深层的道理。敢于直言、思想深刻的韩愈意识到了问题之所在，他认为文章讲究"文以载道"，写文章是为了表达思想、说明道理。儒学先贤们的作品，比如语录体著作《论语》，语言含蓄朴实，故事简洁生动，却体现出一些长篇论述难以企及的思想深度。在这样的时代背景下，韩愈就发起了以提倡古文、反对骈文为特点的古文革新运动。

我们现在学习文学常识时，经常遇到"唐宋八大家"，他们分别是谁呢？就是韩愈、柳宗元、欧阳修、王安石、苏轼、苏辙、苏洵和曾巩。他们八位的文章各有特色，代表着唐宋散文的最高成就。而韩愈被尊为"唐宋八大家"之首。宋代的文学家苏轼如此评价韩愈——"文起八代之衰，而道济天下之溺"，就是说从东汉到隋代历经八个朝代，韩愈的文章一扫衰靡的文风，以简明的语言表述深刻的道理，给人们传递了正向价值观和思想，产生了良好的社会影响。

韩愈从小就立志要做一番大事业，想成为国家的栋梁之材。在入朝为官后，他经常直言上奏，给皇帝提意见，无意中得罪了皇帝，因此屡遭贬官。韩愈本身就很有才华，但是也经历了人生的起伏波折，因此他很珍惜人才，对于如何任用人才有自己独到的见解。他的文章《马说》以马为喻，探讨了人才问题，表达了对统治者不能识别人才、重视人才，导致人才被埋没的强烈愤慨。

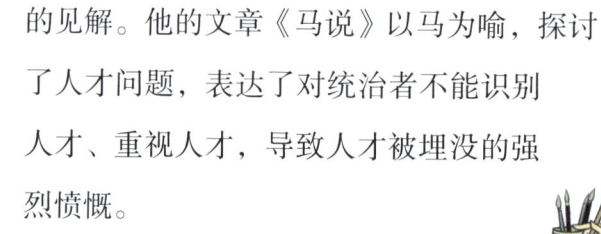

字退之，谥号文。

古文运动的倡导者。

世称韩昌黎。

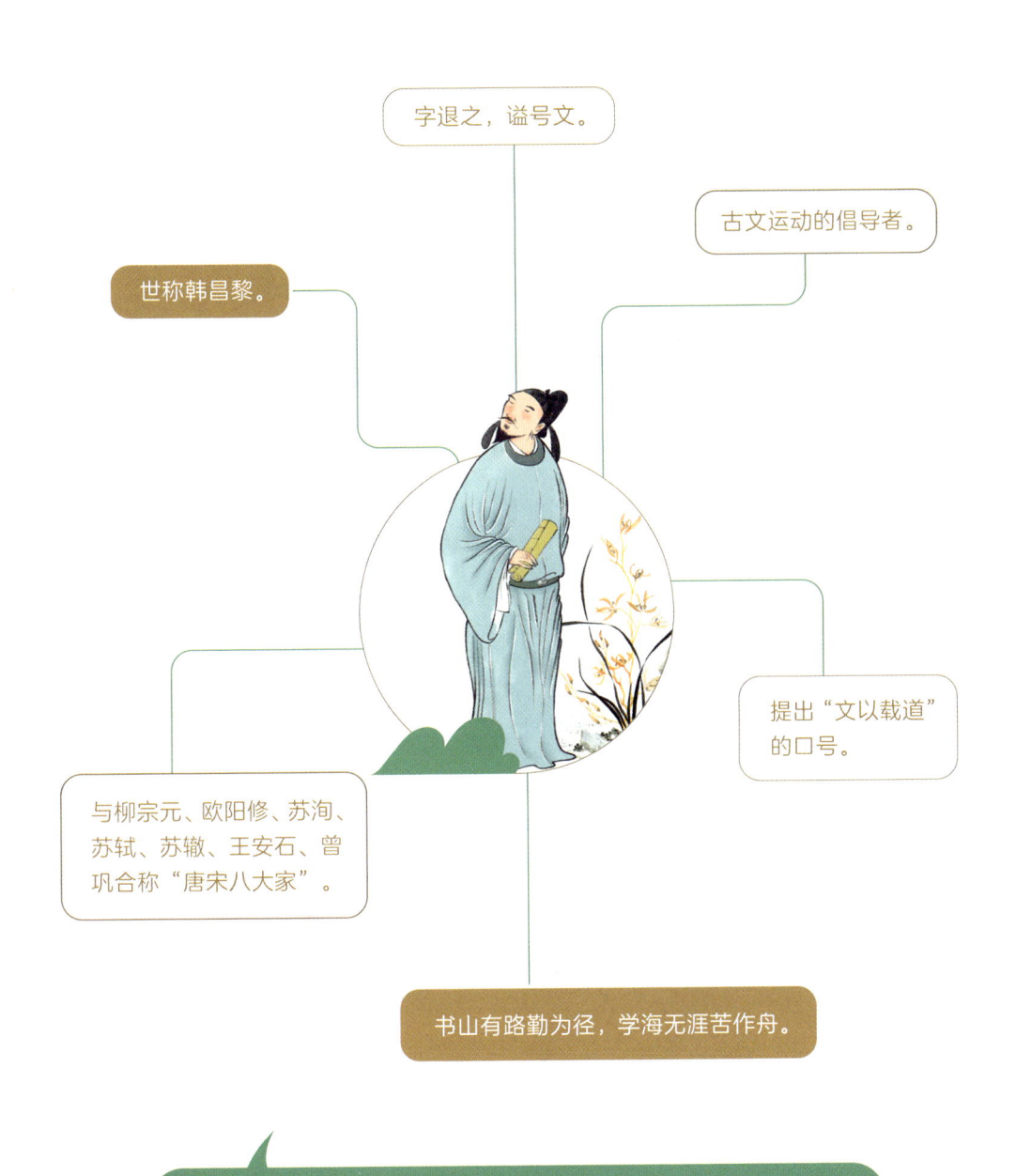

提出"文以载道"的口号。

与柳宗元、欧阳修、苏洵、苏轼、苏辙、王安石、曾巩合称"唐宋八大家"。

书山有路勤为径，学海无涯苦作舟。

韩愈在封建的时代提出的一些想法与见解，可以说是具有超前的思想。

马说

读一读 ·《马说》

读准字音，读准停顿，读懂语气

世有伯乐，然后有千里马。千里马常有，而伯乐不常有。故虽有名马，只辱于奴隶人之手，骈死于槽枥之间，不以千里称也。

马之千里者，一食或尽粟一石，食马者不知其能千里而食也。是马也，虽有千里之能，食不饱，力不足，才美不外见，且欲与常马等不可得，安求其能千里也！

策之不以其道，食之不能尽其材，鸣之而不能通其意，执策而临之曰："天下无马。"呜呼！其真无马邪？其真不知马也！

古文今译

　　世上有了伯乐，然后才会有千里马被发现。千里马经常有，可是伯乐却不常见。因此即使有千里马，也只能在养马的仆役的手里受屈辱，最后和普通的马一同死在马厩里，不能以千里马著称。

　　一匹能日行千里的马，有时一顿就能吃一石粮食。喂马的人却不懂得它能日行千里而像喂养普通的马一样来喂养它。这样的马，即使有日行千里的能力，却吃不饱，力气不足，它内在的优良素质也就不能表现出来，想要和普通的马一样尚且办不到，又怎么能要求它日行千里呢！

　　鞭策千里马，却不按照驾驭它的正确方法；喂养它，又不足以使它充分发挥自己的才能；听它嘶叫，却不能通晓它的意思，反而拿着鞭子走到它跟前，说："天下没有千里马。"唉！难道果真没有千里马吗？恐怕是他们真的不认识千里马吧！

知识 收藏夹

- **古今异义**

    一食**或**尽粟一石　◎古义：有时。今义：或者。
    是马也　◎古义：这样。今义：判断动词。

- **一词多义**

    能 { 安求其**能**千里也　◎动词，能够。
         虽有千里之**能**　◎名词，才能。

- **词类活用**

    食马者不知其能**千里**而食也　◎数量词用作动词，行千里。
    策之不以其道　◎名词用作动词，用马鞭驱赶。
    食之不能**尽**其材　◎动词的使动用法，使……尽，竭尽。

- **文言句式**

    马之千里者　◎倒装句，"千里"是中心词"马"的后置定语，意思是"能跑千里的马"，即"千里马"。
    其真无马耶？　◎反问句，意思是"并不是没有千里马"。

王老师 说

　　《马说》是一篇说理文，采用了托物寓意的写法，以伯乐和千里马为喻，提出了"千里马常有，而伯乐不常有"的见解，讽刺了封建统治者不识人才、不重视人才的愚昧和昏庸导致人才被埋没、被摧残。同时表达了作者怀才不遇的强烈愤慨，发出强烈的呼唤——要重视人才的选拔和培养，对人才要给予优厚的待遇。

　　文章写于韩愈初登仕途之时，他心怀远大志向，渴望做出一番事业与成绩。他曾三次上书宰相请求任用，但结果却让他大失所望，韩愈因此写下了《后廿九日复上宰相书》，发出了"愈之待命，四十余日矣。书再上，而志不得通。足三及门，而阍人辞焉"的感慨。

　　文章第一段就从正面提出问题"世有伯乐，然后有千里马"，然后以"千里马常有，而伯乐不常有"展开议论，阐明千里马与伯乐的依赖关系。第二段揭示了千里马的才能被埋没的根本原因，也就是"食马者不知其能千里而食也"。第三段归纳全文的中心思想，对"食马者"的无知进行讽刺，最后以"其真不知马也"点明了主旨。

　　韩愈还有一篇文章叫《获麟解》。韩愈在文中以麒麟自喻，认为麒麟在不同时期分别被称为仁兽和不祥之兽，取决于世人能否认出麒麟，认识麒麟的圣人是否出现。《马说》和《获麟解》这两篇文章都是借物寓人的写法，通过对动物的议论暗示自己生不逢时、怀才不遇，感慨真正卓有才识之士不为封建统治者所用，只是《马说》这篇文章相比较而言写得更含蓄委婉。

中国人自古以来以谦逊为美德，但在一些特殊情况下，需要我们自己抓住机遇，勇于展现自我。希望大家可以做自己的千里马和伯乐，平时努力积累自己的知识，锻炼自己的能力，同时能够正确认识自己，并且敢于表现，在合理的时机与场合展现自己的"才"与"美"！

第七章 捕蛇者说

让我们来认识一下柳宗元吧！

姓　　名：柳宗元

性　　别：男

生活时代：唐朝

人物背景：柳宗元出生于一个文化氛围浓厚的官宦家庭，自小天资聪颖、勤奋好学。少年成名，进士及第，入仕为官，然而他的仕途却十分坎坷，屡遭贬谪。在被贬永州期间，柳宗元在山水之间找到了心灵的归属，创作了一系列山水游记。柳宗元是唐代古文运动的倡导者之一，著有《河东先生集》。

代表名句：

千山鸟飞绝，万径人踪灭。（《江雪》）

故国名园久别离，今朝楚树发南枝。（《过衡山见新花开却寄弟》）

知人论世

柳宗元（773—819），字子厚，汉族，"唐宋八大家"之一，唐代文学家、哲学家和思想家。柳宗元祖籍为河东解县（现在的山西运城西南），因此又被称为"柳河东""河东先生"，著有《河东先生集》。柳宗元与韩愈并称"韩柳"，与刘禹锡并称"刘柳"，与王维、孟浩然、韦应物并称"王孟韦柳"，与韩愈、欧阳修、苏轼合称"千古文章四大家"。

柳宗元出生于一个文化氛围浓厚的官宦家庭，父亲在外为官，母亲在家照顾家庭。柳宗元天资聪颖、勤奋好学。贞元九年（793），二十一岁的柳宗元就考上进士，入京城为官。十年为官之路，柳宗元从京城到地方，又从地方调回京城。贞元十九年（803），柳宗元被调回长安，任监察御史里行。从此与官场上层人物交游更广泛，对政治的黑暗腐败有了更深入的了解，逐渐萌发了要求改革的愿望，成为王叔文革新派的重要人物。后来由于拥护王叔文的改革，柳宗元受到了影响，被贬到了偏远的地方去做刺史。

永贞元年（805），柳宗元被贬为邵州刺史，在赴任途中，又被加贬为永州司马。因接连被贬，柳宗元的情绪一直很低落。为了使自己心情舒畅，柳宗元办完公务后到永州附近的山野去游玩。在游山玩水的过程中，柳宗元借景抒情，借写山水之景抒发心中的郁闷之情，创作出了不少名篇佳作，最经典的要数"永州八记"了，也就是包括《始得西山宴游记》《钴鉧潭记》《钴鉧潭西小丘记》《至小丘西小石潭记》《袁家渴记》《石渠记》《石涧记》《小石城山记》在内的八篇山水游记。如在《至小丘西小石潭记》中，柳宗元写到，耳边传来流水的声音，就像是佩戴的玉环在叮叮当当作响，身旁的水潭中大约有一百多条小鱼，在阳光的照射下，鱼影落在石头上。有时，小鱼会一动不动在水中静止，有时，小鱼会突然向远处游去，似乎在和游人嬉戏。这样的风景让柳宗元感到轻松惬意、流连忘返，但他回到日常生活，还是会想到被贬之事，心中难免感到孤寂愤郁。

不过即使内心苦闷、满腔愁绪，柳宗元依然心系百姓、情系民生。他经常深入民间，了解百姓的生活情况，对当时的社会风气有直接的了解，对社会现状也有深刻的感悟。因此柳宗元除了

创作山水游记以外，还创作了许多寓言作品，对一些社会现实进行批判或讽刺。如在《临江之麋》中，柳宗元写到，有只被主人宠爱的麋鹿，狗因为怕主人所以只能跟麋鹿玩但不敢吃它。几年后，麋鹿外出，见到其他的狗还以为是同伴，结果被其他的狗吃掉了。柳宗元用这则寓言嘲讽那些倚仗权贵得意忘形的小人。他的寓言语言简洁，通俗易懂，人人都喜欢读，因此广为流传。

柳宗元在永州生活了十年。元和十年（815），柳宗元被召回长安，他感念于此，想要为朝廷效力，但他依然没有得到重用。柳宗元不屑于官僚之间阿谀奉承、溜须拍马的无聊风气，因此遭到排挤，不久后他又被贬到更偏更远的柳州。有了在永州的经验，柳宗元的心境变得更加开阔，不再沉湎于被贬的郁闷之中。到了柳州后，柳宗元经常外出探访民情，为百姓做实事。看到柳州的穷苦百姓因为还不起债务而被豪强欺压、沦为奴隶，柳宗元废除柳州的人身典押，还穷苦百姓人身自由。这项举措对周边的州县也产生了深刻的影响。柳宗元还指导柳州人民发展生产、振兴教育。柳州的人民都亲切地叫他"柳柳州"。

字子厚，世称"柳河东"。

与韩愈共同倡导唐代古文运动，并称"韩柳"。

著有《河东先生集》。

与刘禹锡并称"刘柳"。

"王孟韦柳"指王维、孟浩然、韦应物、柳宗元。

"千古文章四大家"指韩愈、欧阳修、苏轼、柳宗元。

柳宗元的山水文学既表达了飘然世外、享受闲适生活的愉悦，也隐隐透露出政治抱负难以实现的痛苦。

捕蛇者说 • 79

读一读·《捕蛇者说》

读准字音，读准停顿，读懂语气

永州之野产异蛇，黑质而白章，触草木尽死，以啮人，无御之者。然得而腊（xī）之以为饵，可以已大风、挛踠（luán wǎn）、瘘（lòu）、疠（lì），去死肌，杀三虫。其始，太医以王命聚之，岁赋其二，募有能捕之者，当其租入，永之人争奔走焉。

有蒋氏者，专其利三世矣。问之，则曰："吾祖死于是，吾父死于是，今吾嗣为之十二年，几死者数矣。"言之，貌若甚戚者。

余悲之，且曰："若毒之乎？余将告于莅（lì）事者，更若役，复若赋，则何如？"蒋氏大戚，汪然出涕曰："君将哀而生之乎？则吾斯役之不幸，未若复吾赋不幸之甚也。向吾不为斯役，则久已病矣。自吾氏三世居是乡，积于今六十岁矣，而乡邻之生日蹙（cù），殚其地之出，竭其庐之入，号呼而转徙，饥渴而顿踣（bó），触风雨，犯寒暑，呼嘘毒疠，往往而死者相藉也。曩（nǎng）与吾祖居者，今其室十无一焉；与吾父居者，今其室十无二三焉；与吾居十二年者，今其室十无四五焉，非死则徙尔，而吾以捕蛇独存。悍吏之来吾乡，叫嚣乎东西，隳（huī）突乎南北，哗然而骇者，虽鸡狗不得宁焉。吾恂恂而起，视其缶（fǒu），而吾蛇尚存，则弛然而卧。谨食之，时而献焉。退而甘食其土之有，以尽吾齿。盖一岁之犯死者二焉，其余则熙熙而乐，岂若吾乡邻之旦旦有是哉！今虽死乎此，比吾乡邻之死则已后矣，又安敢毒邪？"

余闻而愈悲。孔子曰："苛政猛于虎也。"吾尝疑乎是，今以蒋氏观之，犹信。呜呼！孰知赋敛之毒，有甚是蛇者乎！故为之说，以俟夫观人风者得焉。

古文 今译

　　永州的野外出产一种奇异的蛇：它有着黑色的身体，长着白色的花纹；如果这种蛇碰到草木，草木就会全部干枯而死；如果这种蛇咬了人，没有能够抵挡蛇毒的方法。然而捉到这种蛇后把它晾干做成药饵，可以用来治疗麻风、手脚蜷曲、脖肿、恶疮，可以去除坏死的肌肉、杀死人体内的寄生虫。起初，太医奉皇帝的命令征收这种蛇，每年征收两次，招募能够捕捉这种蛇的人，允许用蛇抵他的赋税。永州的人都争着去做捕蛇这件事。

　　有个姓蒋的人家，享有这种捕蛇而不纳税的优惠已经三代了。我问他此事，他说："我的祖父死在捕蛇这件差事上，我父亲也死在这件差事上。现在我继承祖业干这差事也已经十二年了，有好几次险些丧命。"他说这番话时，脸上的表情好像很忧伤。

　　我很同情他，就说："你怨恨这差事吗？那我就告诉管理政事的人，让他为你换一件差事，恢复你的赋税，怎么样？"蒋氏听了这话，更加悲伤，满眼含泪地说："您这是哀怜我，想让我活下去吗？然而我干这差事的不幸，远远比不上恢复我缴纳赋税的不幸呀。倘若从前我不做这差事，那我就早困苦不堪了。自从我家三代住到这个地方，累计下来，已经六十年了，眼看着乡邻们的生活一天比一天窘迫，他们把土地里产的粮食、家里的收入尽数拿去交税，仍然不够。他们只能号啕痛哭辗转逃亡，又饥又渴倒在地上。一路上顶着狂风暴雨，冒着严寒酷暑，呼吸着山林中有毒的瘴气，人们一个接一个地死去，尸体一个压着一个。从前和我祖父同住在这里的人家，现在十户当中剩不到一户了；和我父亲同住在这里的人家，现在十户当中只剩不到两三户了；和我一起同住了十二年的人家，现在十户当中只剩不到四五户了。那些人家不是死了就是迁走了。只有我凭借捕蛇这个差事才活到现在。每逢凶暴的官吏来到我们这儿，到处吵嚷叫嚣，到处打砸骚扰，喧闹而惊扰乡民，连鸡狗也不能安宁。而我就小心翼翼地起来，看看我的瓦罐，看到我的蛇还在，就能放心地躺回床上了。我小心地喂养这些蛇，等到规定的日子就把它们献上去。回家后有滋有味地吃着田地里出产的东西，来度过我的余年。估计一年当中冒死捕蛇的情况只有两次，其余时间我都可以快活地过日子，哪像我的乡邻们那样天天都面临死亡的威胁呢！如今即使我因这件差事而死，与我的乡邻们相比，我已经死在他们后面了，又怎么敢怨恨捕蛇这件事呢？"

我听了蒋氏的诉说，更觉得悲伤。孔子说："繁重的赋税和徭役比老虎还要凶猛。"我曾经怀疑过这句话的真实性，现在从蒋氏的遭遇来看，还真是可信的。唉！谁知道苛捐杂税的毒害甚至比这种毒蛇更厉害呢！因此我写下这篇文章，期待那些朝廷派遣来考察民情的人能看到它。

知识收藏夹

- **古今异义**

    可以已大风、挛踠、瘘、疠 ◎古义：可以用来。今义：能够。
    去死肌 ◎古义：去除。今义：到……地方。
    向吾不为斯役 ◎古义：（假使）从前。今义：方向。
    则久已**病**矣 ◎古义：困苦不堪。今义：生病。
    以尽吾**齿** ◎古义：人的年龄。今义：牙齿。

- **词类活用**

    然得而**腊**之以为饵 ◎名词用作动词，晾成干肉。
    君将哀而**生**之乎 ◎动词的使动用法，使……活。

- **文言句式**

    孰知赋敛之毒，有甚是蛇者乎 ◎省略句，省略介词"于"，应为"孰知赋敛之毒，有甚于是蛇者乎"。
    触草木尽死，以啮人，无御之者 ◎省略句，省略主语，应为"蛇触草木，草木尽死；蛇以啮人，无御之者"。

王老师 说

  《捕蛇者说》是柳宗元的散文名篇，写于作者被贬官永州之时。当时的永州相当荒凉落后，而柳宗元被贬为永州司马，这一职务只不过是刺史的助手，毫无实权。柳宗元在永州任职将近十年，才被改派到柳州当刺史。在任职期间，他取得了显著政绩，但因长期被贬谪，经历苦楚，内心郁结，最终病死在柳州，年仅四十七岁。

  《捕蛇者说》全篇分为三个部分。第一部分是第一段，作者首先介绍了永州之蛇的特点，突出其毒，接着描写了毒蛇之异，能用来治病，因而可以捕蛇来抵税，使得"永之人争奔走焉"。第二部分是第二、三段，是全文的重心，写蒋氏三代捕蛇之利害，生动地写出了捕蛇虽非好事，但恢复赋税更可怕、深含悲苦。作者好心地提出了脱离危险的办法，却不被蒋氏接受，可见毒蛇虽可怕，但赋敛之毒更可怕。最后一部分即最后一段，作者想到从前读书时质疑孔子所说的"苛政猛于虎"，如今亲身了解了百姓的苦难后更感悲痛，于是写下此文，让世人知晓苛重赋税下百姓的遭遇。

  《捕蛇者说》最鲜明的写作特色是多处运用对比：捕蛇与纳税的对比，捕蛇之危险与纳税之沉重的对比，捕蛇者与不捕蛇者的对比，都强烈地突出了"赋敛毒于蛇"的主题。

  《捕蛇者说》借蒋氏之口讲述了永州官吏的横征暴敛致使当地无数百姓家破人亡的悲惨遭遇，有力地控诉了社会吏治的腐败，深刻揭露了封建统治者残酷地压迫剥削劳动人民的罪行，表达了作者对生活在繁重赋税下的劳动人民的同情。阅读全文，我们能感受到柳宗元心系百姓，想要救民于水火、除弊革新的迫切心情。

第八章 岳阳楼记

让我们来认识一下范仲淹吧！

姓　　名：范仲淹

性　　别：男

生活时代：北宋

人物背景：范仲淹自幼家贫，但他勤奋好学、发愤图强。进士及第后，授广德军司理参军，后历任兴化县令、秘阁校理、陈州通判、苏州知州等职，因秉公直言屡遭贬斥。范仲淹在地方为官期间，政务治理卓有成效，文学成就十分突出。有《范文正公集》传世。

代表名句：

君看一叶舟，出没风波里。（《江上渔者》）

塞下秋来风景异，衡阳雁去无留意。（《渔家傲·塞下秋来风景异》）

知人论世

范仲淹（989—1052），字希文。祖籍邠州，后移居苏州吴县（今属江苏苏州）。北宋时期杰出的政治家、文学家。

范仲淹幼年丧父，家中贫困没有依靠，母亲改嫁长山朱氏，遂更名朱说。范仲淹自己并不知道父亲不是亲生父亲，长大之后，范仲淹看到自己的兄弟花钱大手大脚，就劝告他们，父母赚钱不易，身为子女应该体谅父母之辛苦，生活朴素节俭。但是朱家几个子弟反驳范仲淹说：你一个外姓人没有资格管我们。范仲淹那时才知道自己的身世，于是他更加发愤学习。

范仲淹读书刻苦到什么程度？有一个成语"划粥断齑（jī）"形容了他读书的刻苦。为了读书，他只身远赴应天府书院（在今河南商丘）求学。在应天府书院求学时，为了节省时间用来读书，他每天只煮一锅米粥，米粥里掺入各种杂粮，等米粥凝冻以后，把咸菜切成碎末，撒到上面，然后拿刀划成四块，早晚各吃两块。这便是划粥断齑的由来。

范仲淹对艰苦的生活环境从不介意，他发愤苦读，每天凌晨听到鸡叫就起床学习，困了累了就用冷水洗把脸，然后继续学习。据说，他曾经有五年都是穿着衣服睡觉的，由此可见他多么刻苦。

范仲淹二十多岁时还在求学，有一次，当朝真宗皇帝路过应

天府,书院的老师、学生都赶紧出门,争先恐后地去看皇帝。只有范仲淹依然坐在那里埋头苦读。他的同学表示非常不解,但是范仲淹头也没抬,只是淡淡地说了一句:将来再见也不晚。后来,范仲淹果然获得殿试的资格,朝见皇帝,考中了进士。入朝为官后他又帮助皇帝进行改革,也就是施行庆历新政。

据说,有人曾经问过范仲淹:你的志向是什么?当时范仲淹说自己的志向是要么当一个好大夫,要么当一个好宰相。好大夫为人治病,好宰相治国为民。范仲淹最后成了一个好宰相,他忧国忧民,心怀天下。范仲淹从政以后,提出了很多利国利民的建议。但是他在政治上的变革,不到一年就失败了,这是为什么呢?因为新政触犯了贵族官僚的利益,遭到了他们的阻挠。这时范仲淹自愿离开京城,到地方任职。他的改革虽然只进行了不到一年,却拉开了北宋改革的序幕,为王安石变法吹响了前奏。

范仲淹一生政绩卓著,在文学方面也成就突出。范仲淹散文、诗词、书法样样精通，有《范文正公集》传世。有人说他文武兼备、智谋过人。他倡导的"先天下之忧而忧，后天下之乐而乐"的思想，对后世影响深远。范仲淹谥号为"文正"，世称"范文正公"，这个谥号是对他的文学造诣和政治建树的高度评价。

北宋时期。

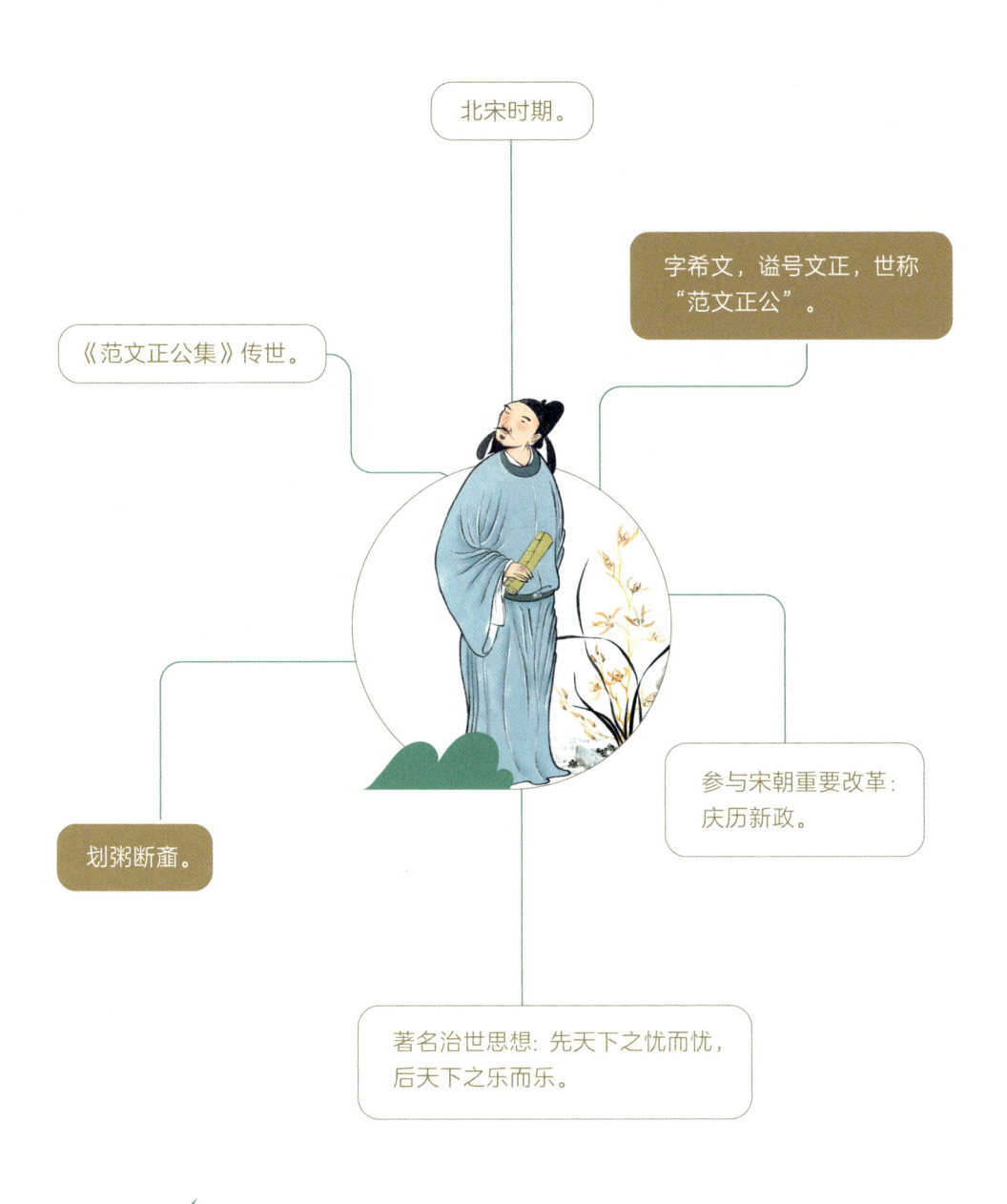

字希文，谥号文正，世称"范文正公"。

《范文正公集》传世。

参与宋朝重要改革：庆历新政。

划粥断齑。

著名治世思想：先天下之忧而忧，后天下之乐而乐。

范仲淹一生三起三落，每落一次，他的声望就高一次；每起一回，他的地位就上一个台阶，直至成为读书人的标杆，宰执天下。

岳阳楼记 ● 91

读一读 ·《岳阳楼记》

读准字音，读准停顿，读懂语气

庆历四年春，滕子京谪守巴陵郡。越明年，政通人和，百废具兴。乃重修岳阳楼，增其旧制，刻唐贤、今人诗赋于其上，属予作文以记之。

予观夫巴陵胜状，在洞庭一湖。衔远山，吞长江，浩浩汤（shāng）汤，横无际涯；朝晖夕阴，气象万千。此则岳阳楼之大观也，前人之述备矣。然则北通巫峡，南极潇湘，迁客骚人，多会于此，览物之情，得无异乎？

若夫霪（yín）雨霏霏，连月不开，阴风怒号，浊浪排空；日星隐曜（yào），山岳潜形；商旅不行，樯倾楫摧；薄暮冥冥，虎啸猿啼。登斯楼也，则有去国怀乡，忧谗畏讥，满目萧然，感极而悲者矣。

至若春和景明，波澜不惊；上下天光，一碧万顷；沙鸥翔集，锦鳞游泳；岸芷汀兰，郁郁青青。而或长烟一空，皓月千里，浮光耀金，静影沉璧，渔歌互答，此乐何极！登斯楼也，则有心旷神怡，宠辱皆忘，把酒临风，其喜洋洋者矣。

嗟夫！予尝求古仁人之心，或异二者之为。何哉？不以物喜，不以己悲。居庙堂之高，则忧其民；处江湖之远，则忧其君。是进亦忧，退亦忧。然则何时而乐耶？其必曰"先天下之忧而忧，后天下之乐而乐"欤！噫！微斯人，吾谁与归？

古文 今译

　　庆历四年春天，滕子京被降职到巴陵郡（今岳阳市）做知州。到了第二年，这地方政务顺利，百姓和乐，各种荒废了的事业都兴办起来了。于是他重新修建了岳阳楼，扩大了它原有的规模，把唐代名家和今人的诗赋刻在上面，并嘱咐我写一篇文章来记述这件事。

　　我看那巴陵郡的美景，全在洞庭湖上。洞庭湖连接远处的山脉，吞吐长江的流水，浩浩荡荡，宽阔无边；清晨湖面上洒满阳光，傍晚又是一片阴暗，气象千变万化。这就是岳阳楼雄伟壮丽的景象，前人对这些景象的记述已经很详尽了。然而这里北面通向巫峡，南面直到潇水、湘江，被降职远调的官吏和来往吟诗作赋的诗人，大多在这里聚

会，他们观赏这里的自然景物而触发的感情，大概会有所不同吧？

　　在那连绵细雨纷纷而下，整月不放晴的日子里，阴冷的风怒吼着，浑浊的波浪冲向天空；日月星辰隐藏起光辉，山岳也隐没了形迹；商人和旅客无法通行，桅杆倒下，船桨折断；傍晚时分天色昏暗，只听到老虎的吼叫声和猿猴的悲啼声。这时登上这座楼，就会产生被贬官离开京城怀念家乡，担心人家诽谤，惧怕人家讥讽的心情，再抬眼望去尽是萧条冷落的景象，一定会感慨万千而十分悲伤了。

　　至于春风和煦、阳光明媚的时节，湖面波平浪静，天色与湖光相接，一片碧绿，广阔无际；沙洲上的白鸥，时而飞翔时而停歇，美丽的鱼儿或浮或沉；岸上的白芷和小洲上的兰花，香气浓郁，郁郁葱葱。有时湖面上的大片烟雾完全消散，皎洁的月光一泻千里，浮动的月光闪着金色，静静的月影像沉入水中的玉璧。渔夫的歌声响起了，一唱一和，这种乐趣真是无穷无尽！这时登上这座楼，就会感到胸怀开阔、精神愉悦，光荣和屈辱一并忘记，在清风吹拂中端起酒杯痛饮，那心情真是高兴极了。

　　唉！我曾经探求古时品德高尚的人的思想感情，他们或许不同于以上两种心情，这是什么缘故呢？是因为他们不因外物好坏和个人得失而或喜或悲。在朝廷做官时，就为百姓忧虑；不在朝廷做官而处在僻远的江湖时，就为国君忧虑。他们进入朝廷做官也忧虑，退处江湖也忧虑。既然这样，那么他们什么时候才会感到快乐呢？他们一定会说"在天下人忧愁之前先忧愁，在天下人快乐以后才快乐"吧！唉！如果没有这种人，我同谁一路呢？

知识收藏夹

- **通假字**

    属予作文以记之 ◎"属"同"嘱",嘱托。
    百废**具**兴 ◎"具"同"俱",全、皆。

- **古今异义**

    越明年,政通人和 ◎古义:到。今义:越过。
    增其旧**制** ◎古义:规模。今义:制度。
    春和**景**明 ◎古义:日光。今义:景色。
    前人之述**备**矣 ◎古义:详尽。今义:准备。
    微斯人 ◎古义:如果没有。今义:微小,轻微。

- **一词多义**

    和 { 政通人**和** ◎形容词,和乐。
          至若春**和**景明 ◎形容词,和暖,和煦。

    或 { **或**异二者之为 ◎副词,或许,也许。
          而**或**长烟一空 ◎副词,有时。

    极 { 北通巫峡,南**极**潇湘 ◎动词,至,到达。
          渔歌互答,此乐何**极** ◎名词,尽头。

    观 { 予**观**夫巴陵胜状 ◎动词,看。
          此则岳阳楼之大**观**也 ◎名词,景象。

- **词类活用**

    滕子京谪**守**巴陵郡 ◎名词用作动词,做太守。

百**废**具兴 ◎形容词用作名词，荒废了的事业。

北通巫峡 ◎名词用作状语，向北。

先天下之忧而忧 ◎名词用作状语，在……之前。

后天下之乐而乐 ◎名词用作状语，在……之后。

- **文言句式**

属予作文以记之 ◎省略句，省略主语"滕子京"，应为"滕子京属予作文以记之"。

此则岳阳楼之大观也 ◎判断句，"……也"表判断语气。

吾谁与归 ◎倒装句，宾语前置，应为"吾与谁归"。

> 王老师 说

　　《岳阳楼记》开篇提到的滕子京，是作者范仲淹的好友，也很有抱负，却因朝中腐败官员的排挤和攻击，被贬到巴陵郡。范仲淹借着滕子京重修岳阳楼请他作记的机会，通过《岳阳楼记》这篇文章表达了对好友的勉励，希望他能学习古仁人"不以物喜，不以己悲"的心态，乐观豁达地面对所处的客观环境，并且保持自己"先天下之忧而忧，后天下之乐而乐"的忧国忧民之心，积极进取，奋发有为。

　　全文共分为五段，开头叙述作记的缘由，文字简短扼要，既肯定了滕子京的政绩，又写出了重修岳阳楼值得作记的两点原因：扩大规模和雕刻诗赋于其上。

　　第二段描写站在岳阳楼之上的所见之景：水势浩大，山川明秀，气象万千。岳阳是古时的交通要道，许多"迁客骚人"，也就是不得志的文人途经此地，很容易触景生情。范仲淹也发出了疑问，那么他们在不同的心境下站上岳阳楼，所见之景会引发什么样的感受呢？

　　第三、四段就是想象人们在不同景色影响下心中的悲喜之情，着重用两种不同的景色来说明"迁客骚人"的感情会随着环境的变化而变化。范仲淹精雕细琢，却又不过多地耗费笔墨，抓住重点，举出有代表性的事物加以描绘，就构成了两幅色彩鲜明的图画，使读者对岳阳楼的变化之景留下深刻的印象。

最后一段，范仲淹正面写出了自己的人生态度，即追求"古仁人之心"，"先天下之忧而忧，后天下之乐而乐"，这也是全文的点睛之笔。结尾一句用叹词"噫"起头，慨乎言之，可以看出范仲淹对未来的生活充满了强烈的向往之情，坚定了可以实现自己的人生理想与抱负的信念。

《岳阳楼记》这篇文章的作者借登高所见之景，抒发了对美景的赞美，同时触景生情，表达了对好友的安慰和对自身的勉励。这篇文章后来被广为传播与颂扬，是因为其中表现出的豁达的人生态度与极高的思想境界。与范仲淹生活在同一时期的另一位文学家欧阳修在为他写的碑文中提到，范仲淹从小就有志于天下，常自诵曰："士当先天下之忧而忧，后天下之乐而乐也。"可见《岳阳楼记》末尾所说的"先天下之忧而忧，后天下之乐而乐"，是范仲淹一生的行为准则。

第九章

五代史伶官传序

让我们来认识一下欧阳修吧!

姓　　名：欧阳修
性　　别：男
生活时代：北宋
人物背景：欧阳修自幼丧父,和母亲相依为命。欧阳修喜爱读书,刻苦勤奋。他的科举之路可谓坎坷,几次参加科考都曾落榜。欧阳修入朝为官后,支持范仲淹发起的政治改革,失败后被贬官。

代表名句：
泪眼问花花不语,乱红飞过秋千去。(《蝶恋花·庭院深深深几许》)
笙歌散尽游人去,始觉春空。(《采桑子·群芳过后西湖好》)

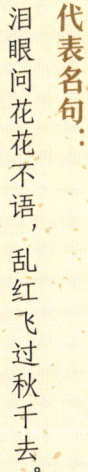

知人论世

欧阳修（1007—1072），字永叔，号醉翁、六一居士，吉州吉水（今属江西）人，北宋政治家、文学家，且在政治上负有盛名。官至翰林学士、枢密副使、参知政事。"唐宋八大家"之一，后人将其与韩愈、柳宗元和苏轼合称"千古文章四大家"，参与撰写《新唐书》，主要作品有《欧阳文忠公文集》，代表作有《醉翁亭记》《丰乐亭记》。

欧阳修在四岁的时候，父亲就去世了，欧阳修与母亲郑氏相依为命。虽然家中贫苦，但是欧阳修的母亲并没有放松对儿子的教育，希望儿子能够读书成才。家里穷，买不起笔墨纸砚，于是欧阳修的母亲就拿着芦苇秆在沙地上教他写字，这就是历史上赫赫有名的"画荻教子"的故事。在母亲的教育和影响下，欧阳修很喜欢读书，家中没有那么多的书，他就经常向别人借书来抄，有时候书还没抄完呢，他就已经把书的内容给背下来了。天资聪颖，加上后天勤奋好学，欧阳修小小年纪就能写一手好文章。

成年之后，欧阳修的科举之路却不那么顺利，曾经两度落榜。等到第三次的时候，欧阳修"连中三元"，在国子监考试、国学解试中均获第一名，成为监元和解元，又在第二年的礼部省试中再获第一，成为省元。不过殿试时考官想要挫一挫欧阳修的锐气，使他错失了状元。虽然没中状元，欧阳修也取得了不错的名次，被授任将仕郎，试秘书省校书郎，充任西京（洛阳）留守推官。在洛阳为官时期，欧阳修喜欢结识青年才俊，经常与他们在一起吟诗作对，享受生活。在洛阳这段时期的生活，奠定了欧阳修一生的文学基础。也正是在这一时期，欧阳修主张放弃陈腐的文风，推行古文写作，领导了北宋诗文革新运动，致使古文运动在宋朝繁盛一时。

欧阳修的仕途之路在回京之后开始了转折。景祐元年（1034），二十八岁的欧阳修被召回京，做了馆阁校勘。景祐三年（1037），欧阳修的好友范仲淹着手呼吁改革，他把社会问题归咎为腐败，而欧阳修看得更深刻，认为冗官冗员才是根本问题。庆历三年（1043），范仲淹发起了政治改革，史称庆历新政，以整顿吏治为中心，意在限制冗官、提高效率，并借此节省钱财。作为好友，

欧阳修大力支持范仲淹施行这项改革，但改革触动了贵族官僚的利益，遭到了他们的强烈阻挠，不到一年就失败了。

改革失败后，欧阳修多次被贬，但他依旧保持乐观豁达的人生态度，留下了不少名篇佳作，如在滁州任职期间写下的《醉翁亭记》，体现了欧阳修处于低谷时的旷达心态，抒发了欧阳修与民同乐的政治抱负。

欧阳修晚年被召回京，做了礼部贡举的主考官，以翰林学士的身份主持进士考试，提倡平实的文风。他以卓越的识人之明，录取苏轼、苏辙、曾巩等人，对北宋文风转变有很大影响，奠定了宋代文化盛世的基础。

- 北宋诗文革新运动。
- "千古文章四大家"之一，"唐宋八大家"之一。
- 任翰林学士，慧眼识人。
- 科举之路坎坷，曾两次落榜。
- 《醉翁亭记》《丰乐亭记》。
- 与范仲淹交好，被连累贬谪。
- 字永叔，号醉翁、六一居士。

欧阳修是一代儒宗，作为北宋诗文革新者，为宋代文坛带来了一股欣欣向荣的风气。

五代史伶官传序

读一读 ·《五代史伶官传序》

读准字音，读准停顿，读懂语气

呜呼！盛衰之理，虽曰天命，岂非人事哉？原庄宗之所以得天下，与其所以失之者，可以知之矣。

世言晋王之将终也，以三矢赐庄宗而告之曰："梁，吾仇也；燕王，吾所立，契丹与吾约为兄弟，而皆背晋以归梁。此三者，吾遗恨也。与尔三矢，尔其无忘乃父之志！"庄宗受而藏之于庙。其后用兵，则遣从事以一少牢告庙，请其矢，盛以锦囊，负而前驱，及凯旋而纳之。

方其系燕父子以组，函梁君臣之首，入于太庙，还矢先王，而告以成功，其意气之盛，可谓壮哉！及仇雠（chóu）已灭，天下已定，一夫夜呼，乱者四应，仓皇东出，未及见贼而士卒离散，君臣相顾，不知所归，至于誓天断发，泣下沾襟，何其衰也！岂得之难而失之易欤？抑本其成败之迹，而皆自于人欤？

《书》曰："满招损，谦得益。"忧劳可以兴国，逸豫可以亡身，自然之理也。故方其盛也，举天下之豪杰，莫能与之争；及其衰也，数十伶人困之，而身死国灭，为天下笑。夫祸患常积于忽微，而智勇多困于所溺，岂独伶人也哉！

古文 今译

　　唉！国家盛衰变化的规律，虽说是由天命决定的，难道不也是人事造成的吗？我们探究庄宗取得天下的原因，与他失去天下的原因，就可以明白了。

　　世人传说，晋王临死之时，把三支箭赐给庄宗，并告诉他说："梁王朱温是我的仇敌，燕王本是我推立的，契丹曾与我结为兄弟，可是他们后来都背叛我去投靠了梁。这三件事是我的遗恨。交给你三支箭，你一定不要忘记你父亲报仇的志向啊！"庄宗收下箭，将其收藏在祖庙中。后来庄宗出兵打仗，便派手下的随从官员，用猪羊去祭告祖先，从祖庙里恭敬地取出箭来，装在漂亮的锦囊里，让人背着它走在前面，等到凯旋时再把箭收入祖庙。

　　当他用绳子绑住燕王父子，用小木匣装着梁国君臣的头，走进祖庙，把箭交还到晋王的灵座前，告诉晋王生前报仇的志向已经完成的时候，他那神情气概，是多么威风！等到仇敌已经消灭，天下已经平定，一个人在夜里呼喊，作乱的人从四面响应，庄宗慌慌张张出兵东进，还没见到乱贼，部下的兵士就纷纷逃散，君臣们你看着我，我看着你，不知道去哪里好；以至到了割下头发来对天发誓，抱头痛哭，眼泪沾湿衣襟的可怜地步，怎么会那样的衰败差劲呢！难道说真的是因为取得天下难，而失去天下容易，才会这样的吗？还是说认真推究他成功失败的原因，都是由于人事呢？

　　《尚书》上说："自满会招来损害，谦虚能得到益处。"忧劳可以使国家兴盛，安乐可以使自身灭亡，这是自然的道理。因此，当他兴盛强大时，普天下的豪杰，没有谁能和他相争；到他衰败落魄时，几十个乐官就能把他制服，最后身死国灭，被天下人耻笑。祸患常常是由一点一滴极小的错误积累而酿成的，纵使是有智慧和勇气的人，也多半会沉溺于某种爱好之中，受其迷惑困扰，这是普遍规律，难道只是乐官的问题吗！

知识收藏夹

● **通假字**

及仇**雠**已灭　◎雠，同"仇"，仇敌。

● **古今异义**

与其所以失之者　◎古义：和他。今义：在比较两方面的利害得失而决定取舍时，表示放弃或不赞成的一面。

则遣**从事**以一少牢告庙　◎古义：官名，三公及州郡长官的僚属；这里泛指官员。今义：投身于某项事业；按某种办法处理，处置。

方其系燕父子以**组**　◎古义：丝带，这里指绳索。今义：组织；由不多的人员组成的单位。

● **一词多义**

告 { 以三矢赐庄宗而**告**之曰　◎动词，告诉。
　　则遣从事以一少牢**告**庙　◎动词，祭告。

其 { 尔**其**无忘乃父之志　◎副词，表肯定语气，一定。
　　至于誓天断发，泣下沾襟，何**其**衰也　◎语气词。

以 { 与其所**以**失之者　◎与"所"组成固定词组，表示"……的原因"。
　　而皆背晋**以**归梁　◎相当于"而"，表顺接。
　　盛**以**锦囊　◎介词，用。
　　方其系燕父子**以**组　◎介词，用。

- **词类活用**

  函梁君臣之首　◎名词用作动词，用木匣子装。

  仓皇**东**出　◎方位名词用作状语，向东。

  乱者**四**应　◎数词用作状语，在四面，四处。

  忧劳可以**兴**国，逸豫可以**亡**身　◎动词的使动用法，使……兴盛，使……灭亡。

  至于誓天**断**发　◎动词的使动用法，使……断。

- **文言句式**

  梁，吾仇也　◎判断句，"……也"表判断。

  身死国灭，为天下笑　◎被动句，"为"翻译为"被"，意思是"身死国灭，被天下笑"。

  而告以成功　◎倒装句，介词结构后置，正确语序为"而以成功告"。

王老师 说

  《五代史伶官传序》选自欧阳修编撰的《新五代史·伶官传》。"五代"指在唐朝灭亡后，在中国北方相继更替的五个短暂的王朝：后梁、后唐、后晋、后汉、后周。"伶官"指古时负责宫廷中音乐表演的官吏和演员，也称"伶人"。《伶官传》是《新五代史》中的一篇合传，其中记载了一些著名伶官的事迹。欧阳修为此作序，不仅阐述史实，而且发出议论，对当时所谓的国家兴衰靠"天命"的观点，发表了自己的进步见解。

  文章前半部分以叙述史实为主，开篇用反诘句表明文章的中心论点"盛衰之理，虽曰天命，岂非人事哉！"，即国家的兴衰存亡不由天命而取决于人事。欧阳修从众多史料中择取后唐庄宗取得政权后骄奢淫逸、癖好音律、宠用伶人掌权，三年便国破身死的典型事例，以史为鉴，告诫后世执政者要吸取历史教训，励精图治，力戒骄奢腐败。欧阳修采用先扬后抑的写法，通过兴衰对比，褒贬之间，使人震撼，强有力地论证了自己的观点。

  文章后半部分由叙事转入论理，层层递进，立意深刻。从"《书》曰：'满招损，谦得益。'"自然引出"忧劳可以兴国，逸豫可以亡身"的论点，又更加突出上文的中心论点。

  文章最后以"夫祸患常积于忽微，而智勇多困于所溺，岂独伶人也哉"为点睛之笔，直接彰显了作者的写作意图，重在强调广泛而现实的醒世意义。祸患常常是由一点一滴极小的错误积累而酿成的，纵使是聪明有才能和英勇果敢的人，也多半会沉溺于某种爱好之中，受其迷惑，结果陷于困穷，国家灭亡难道只是伶人的问题吗？

　　《五代史伶官传序》告诉我们，在治理国家的时候要居安思危，一味地贪图安逸，只会加速国家的灭亡，反之国家则可保持兴盛，长远发展。我们个人的发展也是一样，要保持初心，勿以恶小而为之，在小事上防微杜渐，不贪图享乐，不沉迷声色犬马，这样才能不断进步，拥有更高的成就。

第十单元 醉翁亭记

让我们来认识一下欧阳修吧!

姓　　名：欧阳修
性　　别：男
生活时代：北宋
人物背景：欧阳修自幼丧父,和母亲相依为命。在母亲的教育下,欧阳修喜爱读书,刻苦勤奋。他的科举之路可谓坎坷,几次参加科考都落榜。欧阳修入朝为官后,支持范仲淹发起的政治改革,失败后被贬官。
代表名句：
人生自是有情痴,此恨不关风与月。——《玉楼春·尊前拟把归期说》
庭院深深深几许,杨柳堆烟,帘幕无重数。——《蝶恋花·庭院深深几许》

知人论世

欧阳修（1007—1072），字永叔，号醉翁，又号六一居士。我们按顺序来讲他的字和号的由来。

首先说古人的字，一般是成年之后来取的，是名的延伸或补充。"叔"字在现代用来称呼跟父亲辈分相同而年纪较小的男子，在古代的意思是在兄弟间排行第三，古代规定兄弟排行的次序为伯、仲、叔、季。比如我们熟悉的孔子，字仲尼，代表他在自己家排行第二。欧阳修字"永叔"，说明他在自己家排行第三。

其次说古人的号，封建社会的中上层人物特别是文人，往往以居住地和志趣等为自己取号。欧阳修号醉翁，就是根据他的嗜好来取的。我们今天要讲的《醉翁亭记》也说明他是一个爱喝酒的老头儿。欧阳修又号六一居士，很多人问过我，六一儿童节是不是跟他有关系？当然没有关系，这个"六一"可不是指六一儿童节。欧阳修写过一篇文章叫《六一居士传》，别人问他为何自称"六一居士"，他回答说：我呀，家里有藏书一万卷，收集夏商周三代以来的金石刻文一千卷，平日有一张古琴可以弹，还有一局棋，常备一壶酒，再加上我这样一个快乐悠闲的老头儿，正好六个一，所以称六一居士。

欧阳修谥号文忠，文和忠分别是对其文学造诣和政治建树的高度评价。历史上谥号为"文忠"的，比如宋朝的苏轼、清朝的林则徐，都是做出伟大功绩的人物。欧阳修能够得到这样一个谥号，也足以见得皇帝对他的评价之高。

欧阳修在四岁的时候，父亲就去世了，欧阳修的母亲希望儿子能够读书成才，但是家里穷，买不起笔墨纸砚。于是欧阳修的母亲就拿着芦苇秆在沙地上教他写字，这就是历史上赫赫有名的"画荻教子"的故事。在母亲的教育和影响下，欧阳修很喜欢读书。欧阳修天资聪颖，十岁时，欧阳修得《昌黎先生集》六卷，甚爱其文，手不释卷，这为日后北宋诗文革新运动播下了种子。

欧阳修入朝为官后，还做过一件大事，影响了自己之后的人生历程，那就是他参与了庆历新政。庆历新政是北宋时由范仲淹

发起的政治改革，以整顿吏治为中心，意在限制冗官、提高效率，并借此节省钱财。作为好友，欧阳修全力支持范仲淹施行这项改革，但改革触动了贵族官僚的利益，遭到了他们的强烈阻挠，一年之后就失败了。庆历新政失败以后，欧阳修跟范仲淹一样被贬官。被贬之后，他依旧保持乐观豁达的人生态度，为政"宽简"，治理有方。在滁州任太守期间，欧阳修写下了著名的《醉翁亭记》。

庆历新政。

谥号文忠。

苏轼、苏辙、苏洵、王安石、曾巩都是欧阳修的学生。

字永叔，号醉翁，又号六一居士。

画荻教子。

藏书一万卷，金石刻文一千卷，琴一张，棋一局，酒一壶，吾一翁。

欧阳修在文学方面的造诣和政治方面的建树，无疑是伟大的，也是具有历史意义的。

醉翁亭记

读一读 ·《醉翁亭记》

读准字音，读准停顿，读懂语气

环滁（chú）皆山也。其西南诸峰，林壑（hè）尤美。望之蔚然而深秀者，琅琊也。山行六七里，渐闻水声潺（chán）潺，而泻出于两峰之间者，酿泉也。峰回路转，有亭翼然临于泉上者，醉翁亭也。作亭者谁？山之僧智仙也。名之者谁？太守自谓也。太守与客来饮于此，饮少辄（zhé）醉，而年又最高，故自号曰醉翁也。醉翁之意不在酒，在乎山水之间也。山水之乐，得之心而寓之酒也。

若夫日出而林霏（fēi）开，云归而岩穴（xué）暝（míng），晦（huì）明变化者，山间之朝暮也。野芳发而幽香，佳木秀而繁阴，风霜高洁，水落而石出者，山间之四时也。朝而往，暮而归，四时之景不同，而乐亦无穷也。

至于负者歌于涂，行者休于树，前者呼，后者应，伛（yǔ）偻（lǚ）提携（xié），往来而不绝者，滁人游也。临溪而渔，溪深而鱼肥，酿泉为酒，泉香而酒洌（liè）。山肴（yáo）野蔌（sù），杂然而前陈者，太守宴也。宴酣（hān）之乐，非丝非竹，射者中，弈（yì）者胜，觥（gōng）筹（chóu）交错，起坐而喧哗者，众宾欢也。苍颜白发，颓（tuí）乎其间者，太守醉也。

已而夕阳在山，人影散乱，太守归而宾客从也。树林阴翳（yì），鸣声上下，游人去而禽鸟乐也。然而禽鸟知山林之乐,而不知人之乐;人知从太守游而乐,而不知太守之乐其乐也。醉能同其乐,醒能述以文者,太守也。太守谓谁?庐陵欧阳修也。

古文 今译

　　环绕滁州城的都是山。那西南方向的几座山峰，树林和山谷格外秀美。远远望过去，树木茂盛、幽深秀丽的那座山，是琅琊山。沿着山路走六七里，渐渐听到潺潺的流水声，一股水流从两座山峰之间飞泻而下，是酿泉。沿着山峰折绕，沿着山路拐弯，有一座亭子像飞鸟展翅似的，飞架在泉上，那就是醉翁亭。建造这座亭子的是谁呢？是山上的和尚智仙。给亭子取名的又是谁呢？太守用自己的别号"醉翁"来命名。太守和他的宾客们来这儿饮酒，太守只喝一点儿就醉了，而且他年纪又最大，所以自称"醉翁"。醉翁的情趣不在于喝酒，而在于欣赏山水美景。欣赏山水美景的乐趣，领会在心里，寄托在酒上。

　　至于太阳升起，山林里的雾气散开，烟云聚拢，山谷就显得昏暗了，这明暗交替变化的景象，就是山中的清晨与黄昏。野花开了，有一股清幽的香味；挺拔的树木枝繁叶茂，形成一片浓密的绿荫；天高气爽，霜色洁白，水位低落，石头显露，这就是山中的四季景色。清晨进山，傍晚回城，四季的景色不同，乐趣也是无穷无尽的。

　　至于背上背着东西的人在路上欢唱，往来的行人在树下休息，前面的人呼喊，后面的人应答；老人弯着腰走，小孩子由大人领着走，来来往往不断的行人，是滁州的游客。到溪边钓鱼，溪水深，鱼肉肥；用酿泉造酒，泉水香甜，酒水清醇。野味野菜，横七竖八地摆放在面前，那是太守主办的宴席。宴会喝酒的乐趣，不在于弹琴奏乐，投壶的人中了，下棋的人赢了，酒杯和酒筹交互错杂，宾客们时起时坐，大声喧闹，尽情欢乐。一个容颜苍老、头发花白的老人，醉倒在众人中间，这个人是喝醉的太守。

  不久，太阳下山了，人影散乱，宴席罢散，太守返回，宾客们跟随。树林里的枝叶茂密成荫，鸟儿到处鸣叫，游人离开后鸟儿在欢乐地嬉戏。但是鸟儿只知道嬉戏于山林中的快乐，却不知道人们游玩的快乐；人们只知道跟随太守游玩的快乐，却不知道太守以他们的快乐为快乐。喝醉了能够和大家一起享受乐趣，酒醒后能够用文章记叙这乐事的人，是太守。太守是谁呢？是庐陵人欧阳修。

> 知识 收藏夹

- **古今异义**

    野芳**发**而幽香　◎古义：开放。今义：散发。

    醉翁之**意**不在酒　◎古义：情趣。今义：愿望，心愿。

    若夫日出而林霏**开**　◎古义：消散。今义：打开。

    颓然乎其间者　◎古义：醉醺醺的样子。今义：颓废的样子。

- **一词多义**

    乐 ｛ 不知太守之**乐**其乐　◎动词，以……为乐。
    不知太守之乐其**乐**　◎名词，乐趣。

    临 ｛ 有亭翼然**临**于泉上者　◎动词，居高面下。
    临溪而渔　◎动词，靠近。

    秀 ｛ 望之蔚然而深**秀**者　◎形容词，秀丽。
    佳木**秀**而繁阴　◎草木茂盛的样子。

    归 ｛ 太守**归**而宾客从　◎动词，回去。
    云**归**而岩穴暝　◎动词，聚拢。

- **词类活用**

    山行六七里　◎名词用作状语，沿着山路。

    不知太守之**乐**其乐　◎形容词的意动用法，以……为乐。

    太守**宴**也　◎名词用作动词，设宴。

- **文言句式**

    环滁皆山也　◎判断句，"……也"表判断。

得之心而寓之酒也　◎省略句，省略介词于，应为"得之心而寓之于酒也"。

至于负者歌于涂，行者休于树　◎倒装句，状语后置，正确语序为"至于负者于涂歌，行者于树休"。

王老师 说

　　《醉翁亭记》这篇文章写于庆历五年（1045）。当时欧阳修被诬陷私德有失，被贬官滁州。长期以来，欧阳修都是一个注重名节、堪称道德典范的北宋士大夫形象，突然平白遭受污名，声名受损，心中难免有愤懑之情。欧阳修任职的地方是山水景色秀美、百姓安居乐业的滁州。在这里，美好的周围环境和简单的人际关系让他忘却了官场斗争带来的不快，忘却了政治黑暗下的人心险恶，陶醉于山水之乐中。用今天的话来说，就是山水美景治愈了欧阳修的心灵。

　　古代文人，在面对自然山水美景时，往往心中会迸发出丰富且强烈的情感，譬如在不得志时就会通过创作诗文来抒发心中的郁闷之情。欧阳修在被贬后虽然找到了山水之乐作为精神寄托，但作为一个心系百姓、以天下苍生为己任的官员，他时刻不忘自己的政治理想，那就是以天下百姓的苦乐为自己的苦乐。

　　《醉翁亭记》这篇文章分为四段。第一段首先介绍了醉翁亭所处的地理位置，位于琅琊山上的酿泉附近。然后解释了醉翁亭命名的缘由和"醉翁"的含义，点出"山水之乐"。第二段写琅琊山中的朝暮变换与四季美景，展示美景的"乐亦无穷"。第三段写游人来到醉翁亭参加宴会，描写游人之乐和宴酣之乐，暗指"与民同乐"。最后一段写夕阳西下宴会结束之后，游人随太守散去，禽鸟在林中嬉戏之乐，太守乐在其中，以所有人的快乐为乐。作者虽然描写了诸多美景，但山水之乐并不是作者的最高快乐，心系百姓苦乐，与民同乐，这才是作者的至乐，由此充分地表现了文人在处于低谷时的旷达心态，巧妙地抒发了与民同乐的政治抱负，以及被贬谪后内心忧愤的复杂心情。文章格调清雅，语言骈散结合，浑若天成。

第十一章 前赤壁赋

让我们来认识一下苏轼吧！

姓　　名：苏轼
性　　别：男
生活时代：北宋
人物背景：苏轼，北宋文学家、书法家、美食家等。苏轼是北宋中期的文坛领袖，在诗、词、文、书、画等方面造诣颇深，而在文学上的成就更是登峰造极，留下许多名篇佳作。苏轼与父亲苏洵和弟弟苏辙合称『三苏』，三人均位列『唐宋八大家』。
代表名句：
人有悲欢离合，月有阴晴圆缺，此事古难全。（《水调歌头·明月几时有》）
不识庐山真面目，只缘身在此山中。（《题西林壁》）

知人论世

苏轼（1037—1101），字子瞻、和仲，号东坡居士，世称"苏东坡"，眉州眉山（今四川眉山）人，北宋著名文学家、书法家、美食家、画家，历史治水名人。苏轼与父亲苏洵和弟弟苏辙合称"三苏"。

苏轼应该说是一个学霸，在宋仁宗嘉祐二年（1057）考中进士，入朝为官后官至礼部尚书。在政治主张上苏轼属于旧党，他反对强烈的革新，曾上书谈论新法的弊病。遭到革新派的打压后，他自请出京，到地方去任职。元丰三年（1080），因乌台诗案被贬为黄州团练副使。晚年因新党执政被贬惠州、儋州。宋徽宗继位后获大赦北还，途中于常州病逝。

苏轼虽然一生在官场遭受了排挤，但是他在地方做官的时候，做了很多造福人民的事情。比如在杭州任知州的时候，苏轼为百姓疏浚西湖，修筑堤坝，杭州人民为纪念他治理西湖的功绩，把苏轼主持修筑的堤坝命名为"苏堤"。

苏轼是北宋中期的文坛领袖，在诗、词、散文、书、画等方面均成就卓著。苏轼也是"唐宋八大家"之一。苏轼的诗内容广阔、富含哲理，他与黄庭坚并称"苏黄"；苏轼的词也很有特点，成豪放一派，他与辛弃疾并称为"苏辛"；苏轼的散文著述宏富、豪放自如，他与欧阳修并称"欧苏"。苏轼在书法方面也颇有造诣，他擅长写行楷，被称为宋代四大书法家之一。苏轼还擅长画画，尤擅墨竹、怪石、枯木等。所以说苏轼是文学家、书法家，还是画家，当然还是美食家，我们所熟知的东坡肉就是苏轼发明的。

苏轼在中国文学史上留下了许多名篇。我们在讲《前赤壁赋》这篇作品之前，先讲一下它创作的时代背景。熙宁九年（1076）王安石变法受挫，变法动向发生逆转。一些投机分子结党私营，开始报复。苏轼对于打压同僚没有兴趣，他只是就事论事，却成了官僚们政治斗争的牺牲品。元丰二年（1079），苏轼调任湖州知州。上任后，他给皇上写了一封《湖州谢表》。苏轼的文章情真意切，饱含个人感情色彩，因此被新党抓了辫子，他们多次上书弹劾苏轼，说苏轼写的文章是在讽刺朝廷。宋神宗下令御史台调查此事，御史台的官吏奉命从汴京到湖州衙门，当场抓了苏轼，这就是乌台诗案的开端。

苏轼在狱中遭到侮辱和折磨，幸亏好友营救，同时皇帝也不想杀人，所以苏轼结案出狱。乌台诗案结束以后，苏轼被贬官到黄州，任黄州团练副使。苏轼在黄州的处境是非常困顿的，但他没有心灰意冷，反而心胸开阔，醉心于自然之美。他曾先后两次游览黄州的赤壁，借景抒情，写下了诗歌《念奴娇·赤壁怀古》，还有《前赤壁赋》《后赤壁赋》等文章。

元符三年（1100），宋哲宗驾崩，宋徽宗继位，大赦天下，苏轼被赦免。次年苏轼在北归路上在常州卧病,二十余日不能进食后离世,最后享年六十五岁。

- 字子瞻、和仲。
- 北宋著名文学家、书法家、画家、美食家。
- 号东坡居士，世称"苏东坡"。
- "唐宋八大家"之一。
- 宋代四大书法家之一。
- 历史治水名人。
- 与父亲苏洵和弟弟苏辙合称"三苏"。

苏轼在文、诗、词三方面都达到了极高的造诣，堪称宋代文学最高成就的代表。

前赤壁赋

读一读 ·《前赤壁赋》

读准字音，读准停顿，读懂语气

壬戌之秋，七月既望，苏子与客泛舟游于赤壁之下。清风徐来，水波不兴。举酒属客，诵《明月》之诗，歌"窈窕"之章。少焉，月出于东山之上，徘徊于斗、牛之间。白露横江，水光接天。纵一苇之所如，凌万顷之茫然。浩浩乎如冯虚御风，而不知其所止，飘飘乎如遗世独立，羽化而登仙。

于是饮酒乐甚，扣舷而歌之。歌曰："桂棹（zhào）兮兰桨，击空明兮溯流光。渺渺兮予怀，望美人兮天一方。"客有吹洞箫者，依歌而和之。其声呜呜然，如怨如慕，如泣如诉，余音袅袅，不绝如缕，舞幽壑之潜蛟，泣孤舟之嫠（lí）妇。苏子愀（qiǎo）然，正襟危坐而问客曰："何为其然也？"客曰："'月明星稀，乌鹊南飞'，此非曹孟德之诗乎？西望夏口，东望武昌，山川相缪，郁乎苍苍，此非孟德之困于周郎者乎？方其破荆州，下江陵，顺流而东也，舳舻（zhú lú）千里，旌旗蔽空，酾（shī）酒临江，横槊（shuò）赋诗，固一世之雄也，而今安在哉？况吾与子渔樵于江渚之上，侣鱼虾而友麋鹿，驾一叶之扁舟，举匏（páo）樽以相属。寄蜉蝣（fú yóu）于天地，渺沧海之一粟。哀吾生之须臾，羡长江之无穷。挟飞仙以遨游，抱明月而长终。知不可乎骤得，托遗响于悲风。"

苏子曰："客亦知夫水与月乎？逝者如斯，而未尝往也；

盈虚者如彼，而卒莫消长也。盖将自其变者而观之，则天地曾不能以一瞬，自其不变者而观之，则物与我皆无尽也。而又何羡乎？且夫天地之间，物各有主，苟非吾之所有，虽一毫而莫取。惟江上之清风，与山间之明月，耳得之而为声，目遇之而成色，取之无禁，用之不竭，是造物者之无尽藏也，而吾与子之所共适。"

客喜而笑，洗盏更酌，肴核既尽，杯盘狼藉，相与枕藉乎舟中，不知东方之既白。

古文 今译

　　元丰五年秋天，七月十六日，我与客人在赤壁下泛舟游玩。清风阵阵拂来，江面水波平静。我举起酒杯邀客人共饮，吟诵《诗经·陈风·月出》一诗的"窈窕"一章。不一会儿，明月从东山后升起，在斗宿与牛宿之间缓步徐行。白茫茫的雾气横贯江面，水光连接天际。我们放任一片苇叶似的小船在茫茫江面上随意漂浮。浩浩渺渺中我们好像乘风凌空而行，不知道到哪里才会停栖，飘飘摇摇中我们好像要离开尘世飘飞而起，羽化成仙进入仙境。

　　这时，喝酒喝得非常畅快，大家就敲着船舷唱起歌来。歌词中唱："桂木船棹哇香兰船桨，击打着月光下的清波，在泛着月光的水面逆流而上。我的情思啊悠远茫茫，眺望美人哪，却在遥远的地方。"有位会吹洞箫的客人，配合着节奏为歌声伴和，洞箫的声音呜呜咽咽，既如哀怨又如思慕，既像啜泣

也像倾诉，余音在江上回荡，像细丝一样连绵不断，使深谷中的蛟龙为之起舞，使孤舟上的寡妇为之哭泣。我不禁感到忧伤，整好衣襟坐端正，向客人问道："箫声为什么这样哀怨呢？"客人回答："'月明星稀，乌鹊南飞'，这不是曹公孟德的诗吗？从这里向西可以望到夏口，向东可以望到武昌，山河接壤连绵不绝，目力所及，一片郁郁苍苍，这不正是曹孟德被周瑜所围困的地方吗？当初他攻陷荆州，夺得江陵，沿长江顺流东下，麾下的战船首尾相连延绵千里，旌旗将天空全都遮蔽，他面对长江举杯痛饮，横执长矛吟诗，本来是当世的一位英雄人物，然而他现在又在哪里呢？何况我与你在江中的小洲上打鱼砍柴，以鱼虾为伴，以麋鹿为友，在江上驾着这一叶小舟，举起杯盏相互敬酒。我们如同蜉蝣置身于广阔的天地中，像沧海中的一粒粟米那样渺小。唉，哀叹我们的一生短暂，羡慕长江的流水没有穷尽，想要同仙人携手遨游各地，与明月相拥而永存世间。我知道这些终究不能实现，只得将遗憾化为箫音，托寄在悲凉的秋风中罢了。"

　　我问道："你可也了解这水与月？江水昼夜不停地流逝，其实并没有真正逝去；月亮时圆时缺变化不定，终究没有增减。可见，从事物易变的一面来看，天地间的万事万物时刻都在变动，一瞬间都不曾停止；而从事物不变的一面来看，万物同我们一样永恒，又有什么可羡慕的呢？何况天地之间，万物各有主宰者，若不是自己应该拥有的，即使一分一毫也不能求取。只有这江上的清风和山间的明月，我们耳朵听来就是美妙的声音，眼睛看去就是悦目的图景，取得这些不会有人禁止，感受这些也不会有竭尽的忧虑。这是大自然恩赐的没有穷尽的宝藏，我和你可以共同享受。"

客人高兴地笑了，洗净酒杯重新斟酒。菜肴果品都已吃完，杯子盘子杂乱一片。大家互相枕着靠着睡在船上，不知不觉天边已经露出白色的曙光。

知识收藏夹

- **通假字**

  举酒**属**客 ◎属，通"嘱"，劝客饮酒。
  浩浩乎如**冯**虚御风 ◎冯，通"凭"，凭借。

- **词类活用**

  歌"窈窕"之章 ◎名词用作动词，歌唱。
  舞幽壑之潜蛟 ◎动词的使动用法，使……起舞。
  泣孤舟之嫠妇 ◎动词的使动用法，使……哭泣。
  正襟危坐 ◎动词的使动用法，使……正。
  东望武昌 ◎名词用作状语，向东。
  方其破荆州，**下**江陵 ◎方位名词作动词，攻占。
  顺流而**东**也 ◎名词用作动词，向东进发。
  侣鱼虾而**友**麋鹿 ◎名词的意动用法，以……为伴侣；以……为朋友。

- **古今异义**

  望**美人**兮天一方 ◎古义：思慕的人。今义：容貌美丽的人。
  凌万顷之**茫然** ◎古义：旷远的样子。今义：完全不知道的样子。

- **特殊句式**

  苏子与客泛舟游于赤壁之下 ◎倒装句，介词结构后置，正语序为"苏子与客泛舟于赤壁之下游"。

客有吹洞箫者 ◎倒装句,定语后置,正确语序为"有吹洞箫客"。
此非孟德之困于周郎者乎 ◎被动句,介词"于"在动词谓语之后,表被动。
固一世之雄也 ◎判断句,"……也"表判断。

王老师 说

被贬黄州时期是苏轼一生中最困难的时期，苏轼曾写下《送沈逵赴广南》："我谪黄冈四五年，孤舟出没烟波里。故人不复通问讯，疾病饥寒疑死矣。"这几句诗中直观抒发了他此时忧郁苦闷的心情。但是人的情感总是丰富的，苏轼并没有沉湎于这种愁绪之中，面对广阔的天地，他从自然之景中寻找到了心灵的平静与精神上的解脱。

元丰五年（1082），苏轼曾两次泛游赤壁，写下了两篇以赤壁为主题的赋，后人将其称为《前赤壁赋》和《后赤壁赋》。

《前赤壁赋》记述了苏轼和友人在秋日的夜晚，迎着皎洁的月光，到赤壁之下泛舟游玩的所见所感。全文以作者的主观感受为线索，巧妙地采用了主客对话的形式，在一问一答间反映出了作者的夜游之乐，伤古怀今的感慨，以及由此生出的真切感悟。

全文分为四段，第一段写夜游赤壁的情景。秋日的夜晚，有流水，有清风，更有明月相伴，一条小舟漂浮在茫茫江面中，不禁让人感觉心情舒畅，精神放松。第二段写作者与客人在舟中饮酒放歌，在山水之间尽情抒发情感，悠扬而又苍凉的箫声传来，闻者心中不免泛起悲凉之感。身处此地，面对无穷的江水和两岸的岩壁，客人想到赤壁的历史古迹和千古英雄人物，发出了人生短促无常，渺如沧海一粟的感叹。第三段是作者从主观的角度，针对客人关于人生的感慨陈述自己的见解，阐发世间万物变与不变的哲理，要用辩证的眼光看问题，不必伤春悲秋，不必"哀吾生之须臾"，在宽慰客人的同时也宽解自己。第四段写客人在作者的宽慰之下，情绪转变，继续开怀畅饮，表现了他们超然物外的精神境界和旷达的人生态度。

全文的描写触景生情，寓情于景，由情入理，作者将"情、景、理"相融合，把写景、抒情、议论合于一文，表现力极强，使得文章充满诗情画意，而兼具哲理。

第十二章 后赤壁赋

让我们来认识一下苏轼吧!

姓　　名：苏轼
性　　别：男
生活时代：北宋
人物背景：苏轼，北宋文学家、书法家、美食家等。苏轼是北宋中期的文坛领袖，在诗、词、文、书、画等方面造诣颇深，而在文学上的成就更是登峰造极，留下许多名篇佳作。苏轼与父亲苏洵和弟弟苏辙合称『三苏』，三人均入『唐宋八大家』之列。
代表名句：
但愿人长久，千里共婵娟。(《水调歌头·明月几时有》)
欲把西湖比西子，淡妆浓抹总相宜。(《饮湖上初晴后雨二首·其二》)

知人论世

苏轼（1037—1101），字子瞻，号铁冠道人、东坡居士，世称苏东坡，眉州眉山（今四川眉山）人，北宋文学家、书法家、美食家、画家，历史治水名人。苏轼是北宋中期的文坛领袖，在诗、词、文、书、画等方面均有所成就，而在文学上的成就更是登峰造极。他的诗独具风格，与黄庭坚并称"苏黄"；他的词豪放大气，与辛弃疾并称"苏辛"；他的散文豪放自如，与欧阳修并称"欧苏"。苏轼与父亲苏洵和弟弟苏辙合称为"三苏"。

苏轼是一位为后世所熟知的历史名人，广为流传的不仅有他的诗词书画，还有不少与他有关的小故事。据传，苏轼从小就很聪明，小时候经常被老师夸奖，用现在的话来说，就是一个"学霸"。随着时间的推移，苏轼在一片赞扬声中开始飘飘然，变得有些骄傲自大。有一天，他自信地挥笔写下一副对联，在自家门口挂了起来，上面写着"识遍天下字，读尽人间书"。谁知，才过去没几天，就有一位白发老人捧着一本书来找苏轼请教。苏轼一看，书中的内容晦涩难懂，字也不认识。苏轼立马意识到了自己的狂妄和不足，面红耳赤地向老人道歉。苏轼从中吸取了教训，意识到自己要学的东西还有很多，于是将这副对联改成了"发奋识遍天下字，立志读尽人间书"。从此，苏轼刻苦学习发愤读书，这个故事也成了一段佳话。

苏轼才华横溢，入京参加科举考试时，以一篇文章征服了主考官，当时的文坛领袖欧阳修非常赏识苏轼，评价他说："此人可谓善读书，善用书，他日文章必独步天下。"在欧阳修的赏识和提拔下，苏轼入朝为官，后因家中变故，几次告假回乡。待苏轼终于返回官场，等待他的却是震动朝野的王安石变法。苏轼因为反对王安石的变法，被朝中新党排挤和诬陷，自请出京，任杭州通判。他向朝廷上书，那些原本就看他不顺眼的官员，开始贬低他，说他是个心高气傲、包藏祸心的人。这次事件可以说是他一生中的一个转折点，苏轼因此被贬官到黄州，这就是历史上著名的"乌台诗案"。

苏轼虽然一生坎坷，但他对生活的态度却非常豁达乐观。苏

轼是个爱吃的人，不仅爱吃，还会吃，吃出了门道。相传，苏东坡非常喜欢吃肉，还创制出来一道红烧肉，后人称之为"东坡肉"。"东坡肉"肥而不腻，味道醇厚，汁水浓郁。苏轼还写过一首关于猪肉的打油诗《猪肉颂》："净洗铛，少著水，柴头罨烟焰不起。待他自熟莫催他，火候足时他自美。黄州好猪肉，价贱如泥土。贵者不肯吃，贫者不解煮。早晨起来打两碗，饱得自家君莫管。"除东坡肉外，与苏东坡有关的美食还有东坡凉粉、东坡墨鱼、东坡豆腐等，这些菜肴和"东坡肉"一样，直至今天还是人们餐桌上的佳肴。由此可见，苏轼"美食家"的名号可谓是名不虚传。

苏东坡对茶道也颇有研究，在他的诗词中，留下了不少脍炙人口的品茗佳句。《次韵曹辅寄壑源试焙新芽》："仙山灵草湿行云，洗遍香肌粉未匀。明月来投玉川子，清风吹破武林春。要知玉雪心肠好，不是膏油首面新。戏作小诗君勿笑，从来佳茗似佳人。"这首诗中，苏轼将鲜嫩清新的佳茗和天生丽质、蕙质兰心的佳人联系在一起，比喻生动形象又贴切，给人以美好的感受。苏轼的《叶嘉传》是以拟人化的方式为茶叶所写的一篇传记，其中对茶叶的历史、功效、品质、制作等多个方面进行了生动的描写，抒发了由衷的赞美。

说到苏轼的文章，那就不能不提到《前赤壁赋》和《后赤壁赋》。苏轼被贬黄州期间，处境是非常困顿的，但他没有心灰意冷，反而心胸开阔，干脆醉心于自然之美。他曾先后两次到黄州（今湖北黄冈）赤壁游玩，面对雄伟广阔的山河，借景抒情，写下了千古名篇《前赤壁赋》和《后赤壁赋》，总称《前后赤壁赋》。

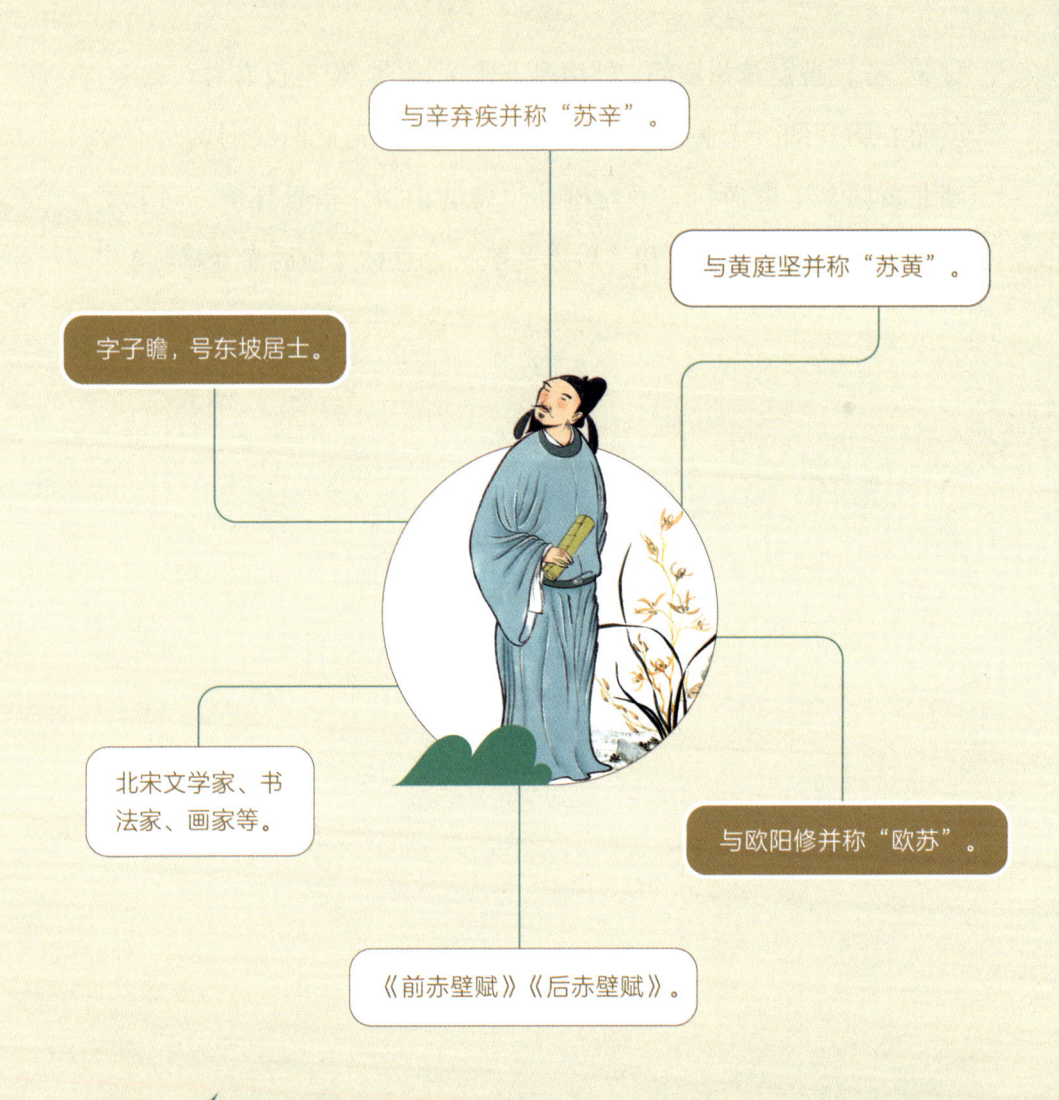

- 与辛弃疾并称"苏辛"。
- 与黄庭坚并称"苏黄"。
- 字子瞻，号东坡居士。
- 北宋文学家、书法家、画家等。
- 与欧阳修并称"欧苏"。
- 《前赤壁赋》《后赤壁赋》。

> 苏轼虽然一生坎坷，但他对生活的态度却非常豁达乐观，这一点从他的诗词创作中就能看出。

读一读 ·《后赤壁赋》

<small>读准字音，读准停顿，读懂语气</small>

　　是岁十月之望，步自雪堂，将归于临皋。二客从予，过黄泥之坂。霜露既降，木叶尽脱，人影在地，仰见明月，顾而乐之，行歌相答。已而叹曰："有客无酒，有酒无肴。月白风清，如此良夜何！"客曰："今者薄暮，举网得鱼，巨口细鳞，状如松江之鲈。顾安所得酒乎？"归而谋诸妇，妇曰："我有斗酒，藏之久矣，以待子不时之需。"

　　于是携酒与鱼，复游于赤壁之下。江流有声，断岸千尺。山高月小，水落石出。曾日月之几何，而江山不可复识矣！予乃摄衣而上，履巉（chán）岩，披蒙茸，踞虎豹，登虬（qiú）龙，攀栖鹘之危巢，俯冯（píng）夷之幽宫。盖二客不能从焉。划然长啸，草木震动，山鸣谷应，风起水涌。予亦悄然而悲，肃然而恐，凛乎其不可留也。反而登舟，放乎中流，听其所止而休焉。时夜将半，四顾寂寥。适有孤鹤，横江东来。翅如车轮，玄裳缟衣，戛然长鸣，掠予舟而西也。

　　须臾客去，予亦就睡。梦一道士，羽衣蹁跹，过临皋之下，揖予而言曰："赤壁之游乐乎？"问其姓名，俯而不答。"呜呼噫嘻！我知之矣！畴昔之夜，飞鸣而过我者，非子也耶？"道士顾笑，予亦惊寤。开户视之，不见其处。

古文 今译

　　这一年的十月十五日，我从雪堂出发，准备步行回临皋亭。有两位客人与我一起，路过黄泥坂。这时霜露已经降下，树叶也全都凋零。我们的身影映在地面上，抬头就能望见一轮高悬的明月，看见此景，主客相顾而笑，一边散步一边吟诗，相互间一唱一和。过了一会儿，我叹惜道："有客人却没有美酒，有美酒却没有菜肴。这样月色皎洁、清风吹拂的美好夜晚，我们怎么度过呢？"一位客人说："今天傍晚，我撒网捕到了一条鱼，大嘴巴、细鳞片，很像松江的鲈鱼。不过，到哪里才能弄到酒呢？"我回家问妻子，妻子说："我这儿有一斗酒，储藏了很久，就为了应付你突然的需要。"

　　就这样，我们带着美酒和鲜鱼，再次到赤壁下游览。长江的流水声轰鸣不息，陡峭的江岸高峻直耸。在高耸的山峦之上，月亮都显得小了，江水的水位降低，礁石露出了水面。距离上次游览才相隔没多久，上次所见的江景山色竟然已认不出来了！我撩起衣襟上岸，登上险峻的山岩，拨开纷乱的野草，踩上状如虎豹的怪石，拉住形如虬龙的树枝，攀上猛禽做窝的悬崖，俯瞰水神冯夷的深宫。两位客人都没能跟着我爬到这个极高处。我大声长啸，草木被震动，高山与我共鸣，山谷间传出回声，狂风骤起，波涛汹涌。悲伤的感觉悄然而至，我感到一阵恐惧，觉得这里令人畏惧，不可久留。我回到船上，把船划到江心，任凭它漂流到哪里就在哪里停泊。这时已快到半夜，四周一片清冷寂寥。正好有一只鹤，从东边横穿江面飞来，展开的翅膀像车轮一样大，身上的翅羽如着黑裙白衣，它戛戛地拉长声音叫着，掠过我们的船向西飞去。

　　过了一会儿，客人离开了，我也入睡了。睡梦中我见到一位道士，身穿羽毛编织成的衣裳，脚步轻盈地走到临皋亭的下面，向我拱手作揖说："赤壁的游览快乐吗？"我询问他的姓名，他却低头不作答。"噢！哎呀！我知道了！昨天半夜，边飞边叫着从我旁边经过的，不正是你吗？"道士回头笑了起来，我也忽然惊醒。开门一看，却看不到他在何处。

知识收藏夹

- **通假字**

  反而登舟 ◎"反"通"返",返回。

- **古今异义**

  是岁十月之**望** ◎古义:夏历每月十五日。今义:向远处看。

  以待子**不时**之需 ◎古义:随时,没有预定时间。今义:时时,常常。

- **词类活用**

  顾而**乐**之 ◎形容词的意动用法,以……为乐。

  行**歌**相答 ◎名词用作动词,唱歌。

  予乃摄衣而**上** ◎名词用作动词,上山。

  横江**东**来 ◎名词用作状语,从东边。

  羽衣蹁跹 ◎名词用作动词,穿羽衣。

  掠予舟而**西**也 ◎名词用作动词,向西飞去。

- **文言句式**

  步自雪堂 ◎倒装句,状语后置,正确语序为"自雪堂步"。

  复游于赤壁之下 ◎倒装句,状语后置,正确语序为"于赤壁之下复游"。

王老师 说

　　元丰五年（1082），苏轼曾两次泛游赤壁，写下了两篇以赤壁为主题的赋，后人将其称为《前赤壁赋》和《后赤壁赋》。两篇赋采用了相同的主客问答的形式，记述有客作陪、月夜泛游的所见所感，但两篇赋的侧重点有所不同。《后赤壁赋》重在叙事写景，作者将登高目之所见赤壁冬夜的凄清孤寂景象用壮阔的笔触展现了出来，同时流露出作者内心的矛盾和苦闷之情。

　　《后赤壁赋》全文分为三个部分。第一个部分写作者初冬月夜与友人踏月吟歌而行，游兴盎然之时自然引出了主客对话，如此"月白风清"的良辰美景之时，再备上佳肴与美酒，便可乘兴而行。第二个部分是全文的重心，写作者与友人携佳肴与美酒前往赤壁之下，"江流有声，断岸千尺。山高月小，水落石出"的冬夜之景，诱发了作者弃舟登岸、攀崖游山的雅兴，奇异险峻的山石使作者敞开了心胸，忘却了烦恼，专注于身边之景。作者独自登顶时，发出一声长啸，"草木震动，山鸣谷应，风起水涌"的场景又使他产生凄清之情、忧惧之心，于是他返回舟中。远处飞来的一只孤鹤，使得作者更添悲悯。最后一部分写了作者游后入梦，梦境中见到了化作孤鹤的道士，在神秘的幻觉中，表露了作者本人出世入世思想矛盾所带来的内心苦闷。

　　《后赤壁赋》全文虽然重在叙事写景，但从作者的字里行间都能体会到他当时所处政治处境的艰难和复杂的心情。作者不畏艰险独自登高，正是他努力挣脱现实的政治困境，勇于探索、追求自由的精神写照。登顶后作者独自返回，则反映了他面对恶劣的政治环境，抗争无果后只能远避尘世的悲愤心情。

总的来说，《后赤壁赋》对仗工整，音节铿锵有致，行文流畅自然，文情并茂，如诗如画，既是一篇优秀的散体赋，又是一首优美的散文诗。

第十三章 游褒禅山记

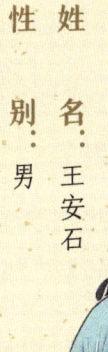

让我们来认识一下王安石吧!

姓　　名：王安石
性　　别：男
生活时代：北宋
人物背景：王安石出身官宦家庭，自幼勤奋好学，博览群书，年轻时便立下了矫世变俗之志。进士及第后，他到地方任职，均能体恤民情，为地方除弊兴利。宋神宗时期，为改变国家积贫积弱的局面，王安石发起了变法改革，史称『王安石变法』。
代表名句：
春风又绿江南岸，明月何时照我还。
（《泊船瓜洲》）
爆竹声中一岁除，春风送暖入屠苏。
（《元日》）

知人论世

　　王安石（1021—1086），字介甫，晚年号半山，江西临川（今江西抚州）人，又号临川先生。谥号是文，故世称"王文公"。入朝为官后，被朝廷封为荆国公，故又称"王荆公"。北宋杰出的政治家、思想家、文学家、改革家，"唐宋八大家"之一。著有《王文公文集》《临川先生文集》。

　　王安石出身官宦家庭，从小就勤奋好学、博览群书，立志"矫世变俗"，希望自己在仕途上能有所建树。据传，王安石在参加科举考试时，本来可以考取状元，但当时的皇帝宋仁宗看到王安石的试卷上有"孺子其朋"这句话时，心中颇为不爽，便给了他第四名。"孺子其朋"是一个典故，取自周公对成王说的一句话。意思是，你这个小孩子听好了，以后要和大臣打成一片，把他们当作好朋友一样看待。宋仁宗当时已经三十多岁了，王安石还说他是小孩子，那皇帝能高兴吗？因此就改了王安石的名次，不让他做第一名，做个第四名。不过王安石并不在意，因为他在意的是能不能成为政治家、改革家，改变全天下老百姓的生活。

　　虽然王安石科举考试考了第四

名，但是宋仁宗对王安石并不重用，没把他留在身边，让他到偏远的地方做地方官。王安石也没有气馁，在地方任职期间，他非常体恤民情，为地方除弊兴利。嘉祐三年（1058），王安石进京述职，作《上仁宗皇帝言事书》，提出一个治国理念"因天下之力以生天下之财，取天下之财以供天下之费"，并且系统地提出了变法主张，但没被仁宗采纳。

等到宋神宗继位时，宋朝已经统治中国一百多年了。当时国库空虚，社会风气败坏。另外，因为宋朝重文轻武，对外战争屡战屡败，国防安全堪忧。在这样内忧外患的情况下，王安石认为必须要进行变革，改变国家积贫积弱的现实，为此推行了一系列富国之法、强兵之法、取士之法等。然而变法触犯了保守派的利益，遭到保守派的反对。从新法次第实施，到新法为守旧派所废罢，其间将近十五年。在这十五年中，每项新法在推行后，虽然都不免产生了或大或小的弊端，但是也都收到了一些显著的效果，对宋朝社会局面的发展产生了深远的影响。直到今天，对王安石变法的评价，仍有众多学者提出不同的看法。

- 字介甫，晚年号半山。
- 北宋杰出的政治家、思想家、文学家、改革家。
- 谥号文，世称"王文公"。
- 治国理念："因天下之力以生天下之财，取天下之财以供天下之费。"
- "唐宋八大家"之一。
- 《王文公文集》《临川先生文集》。

> 王安石推行一系列富国强兵的措施，是中国古代伟大的改革家。

读一读 ·《游褒禅山记》

读准字音，读准停顿，读懂语气

　　褒禅山亦谓之华山。唐浮图慧褒始舍于其址，而卒葬之，以故其后名之曰褒禅。今所谓慧空禅院者，褒之庐冢也。距其院东五里，所谓华山洞者，以其乃华山之阳名之也。距洞百余步，有碑仆道，其文漫灭，独其为文犹可识，曰"花山"。今言"华"如"华实"之"华"者，盖音谬也。

　　其下平旷，有泉侧出，而记游者甚众，所谓"前洞"也。由山以上五六里，有穴窈（yǎo）然，入之甚寒，问其深，则其好游者不能穷也，谓之"后洞"。予与四人拥火以入，入之愈深，其进愈难，而其见愈奇。有怠而欲出者，曰："不出，火且尽。"遂与之俱出。盖予所至，比好游者尚不能十一，然视其左右，来而记之者已少。盖其又深，则其至又加少矣。方是时，予之力尚足以入，火尚足以明也。既其出，则或咎其欲出者，而予亦悔其随之，而不得极乎游之乐也。

　　于是予有叹焉。古人之观于天地、山川、草木、虫鱼、鸟兽，往往有得，以其求思之深而无不在也。夫夷以近，则游者众，险以远，则至者少。而世之奇伟瑰怪、非常之观，常在于险远，而人之所罕至焉，故非有志者不能至也。有志矣，不随以止也，然力不足者，亦不能至也。有志与力，而又不随以怠，至于幽暗昏惑，而无物以相（xiàng）之，亦不能至也。然力足以至焉，于人为可讥，而在己为有悔。尽吾志也而不能至者，可以无悔矣，其孰能讥之乎？此予之所得也。

予于仆碑，又有悲夫古书之不存，后世之谬其传而莫能名者，何可胜（shēng）道也哉！此所以学者不可以不深思而慎取之也。

四人者：庐陵萧君圭君玉，长乐王回深父，予弟安国平父、安上纯父。

古文今译

  褒禅山也称华山。唐代和尚慧褒当初在这里筑室定居，死后又埋葬在这里，因为这个缘故，后人就称此山为褒禅山。现在人们所说的慧空禅院，就是慧褒和尚的禅房和坟墓的所在地。距离那禅院东边五里处，是人们所说的华山洞，因为它地处华山南面而这样命名。距离山洞一百多步，有一块石碑倒在路旁，上面的文字已被剥蚀、损坏，只有从勉强能认得出文字的地方还可以辨识出"花山"的字样。现在将"华"读为"华实"的"华"，大概是读音上的错误。

  由此向下的那个山洞平坦而空阔，有一股山泉从旁边涌出，到这里游览、题记的人很多，这就是人们所说的"前洞"。沿着山路向上五六里，有一个山洞幽暗深邃，走进去便感到寒气逼人，要问这个洞有多深，就连那些喜欢游历探险的人也未能走到尽头，这是人们所说的"后洞"。我与四个同伴打着火把走进去，越往深处走，前进越困难，而所见到的景象越奇妙。有一个退缩而想返回的伙伴说："再不出去，火把就要熄灭了。"于是，大家只好都跟他退了出来。我们走进去的深度，比起那些喜欢游历探险的人来，大概还不足十分之一，然而看看左右的石壁，来到这里并且题记的人已经很少了。洞内更深的地方，大概到的游人就更少了。当决定从洞内退出时，我的体力还足够前进，火把还能够继续照明。我们出洞以后，就有人埋怨那个主张退出的人，我也后悔自己跟着他退了出来，而未能极尽游洞的乐趣。

　　于是我有所感慨。古人观察天地、山川、草木、虫鱼、鸟兽，往往都有心得体会，这是因为他们探究、思考得深入而且全面。那些平坦而又近便的地方，前来游览的人便多；危险而又偏远的地方，前来游览的人便少。然而世间奇妙雄伟、珍异奇特、非同寻常的景观，常常在那险阻、偏远，少有人至的地方，所以，没有意志的人是不能到达的。有了意志，也不盲从别人而停止，可是如果体力不足，也不能到达。有了意志与体力，也不盲从别人、有所懈怠，但到了那幽深昏暗、令人迷乱的地方却没有必要的物件来支持，也不能到达。然而如果力量足以到达目的地而未能到达，在别人看来是可以讥笑的，对自己来说也是有所悔恨的。如果尽了自己的主观努力而未能达到，便可以无所悔恨，难道谁还能讥笑我吗？这就是我此次游山的收获。

　　我对于那块倒地的石碑，还感叹古代刻写的文献未能存留，而后世讹传却无人弄清其真相的事，哪能说得完呢！这就是读书求学的人对待学问不可不深入思考并谨慎地选择的缘故。

　　同游的四个人是：庐陵人萧君圭，字君玉；长乐人王回，字深父；我的弟弟安国，字平父，以及安上，字纯父。

知识收藏夹

● **通假字**

长乐王回深**父** ◎父，通"甫"，古代对男子的美称。

● **古今异义**

比好游者尚不能**十一** ◎古义：十分之一。今义：数词。
世之奇伟瑰怪、**非常**之观 ◎古义：不平常。今义：用作表程度的副词，十分，很。
至于幽暗昏惑而无物以相之 ◎古义：用于引出下文地点。今义：表提及。
此**所以**学者不可以不深思而慎取之也 ◎古义：代词"所"与介词"以"结合，相当于"……的原因"。今义：常用来表示因果关系的连词。
此所以**学者**不可以不深思而慎取之也 ◎古义：泛指求学的人，指读书人。今义：特指有专门学问的人。

● **词类活用**

唐浮图慧褒始**舍**于其址 ◎名词用作动词，筑舍定居。
以故其后**名**之曰褒禅 ◎名词用作动词，命名、称呼。
有泉**侧**出 ◎名词用作状语，在一侧。
好游者不能**穷**也 ◎形容词用作动词，穷尽，走到头。
而其**见**愈奇 ◎动词用作名词，见到的景象。
盖其又深，则其**至**又加少矣 ◎动词用作名词，到达的人。
火尚足以**明**也 ◎形容词用作动词，照明。

而不得**极**乎游之乐也　◎副词用作动词，尽情享受。

而世之奇伟、瑰怪、非常之观，常在于**险远**　◎形容词用作名词，险远的地方。

- **特殊句式**

今所谓慧空禅院者，褒之庐冢也　◎判断句，"……者，……也"表判断。

唐浮图慧褒始舍于其址　◎倒装句，介词结构后置，正确语序为"唐浮图慧褒始于其址舍"。

有志矣，不随以止也　◎省略句，应为"有志矣，不随之以止也"。

王老师 说

　　《游褒禅山记》是一篇新颖别致的游记，作者并没有花费过多的笔墨描绘山水美景，而是着重记述从游玩之事中获得的心得体会，借之说理，表明自身的治学之论。这样着重议论又闪烁着深邃思想光辉的文章，正符合王安石身为北宋著名政治家和思想家的身份。

　　全文共有五段，短小精悍。第一段首先交代了作者的游玩之地，简要介绍了褒禅山、华山洞名称的由来。第二段记叙了作者和友人游洞的经过，对前洞的情况用寥寥数笔简要描写，着重记述了游览后洞时的所见之景，因后洞"入之愈深，其进愈难"，在同行友人的提议下一行人原路返回。由此作者感受真切而深刻，认为自己在"力尚足""火尚足"的情况下不应该轻易半途而废，产生了悔意，引出了下文的说理。第三段和第四段是全文的重点和升华，详细写了作者此次游褒禅山的心得体会，把山洞的"险与远"与治学的"深与浅"联系起来，发出读书求学的人对待学问要深入思考、谨慎选择的感慨。最后一段记叙了同游者的姓名。

　　这篇游记总的来说，寓理于事，以小见大，叙议结合，情理互见，虚实相生，将深邃的治学道理通过游记引发出来。清代李光地评此文"借题写己，深情高致，穷工极妙"，这正是对王安石散文风格的最佳注解。

第十四章 卖柑者言

让我们来认识一下刘基吧!

姓　名：刘基

性　别：男

生活时代：元末明初

人物背景：刘基,字伯温,浙江青田县南田乡人,故称刘青田,元末明初军事家、政治家、文学家,明朝开国元勋。谥号文成,后人称他刘文成、文成公。刘基是中国古代的一位传奇人物,以神机妙算、运筹帷幄著称于世。

代表名句：

城外萧萧北风起,城上健儿吹落耳。(《北风行》)

江海不与坎井争其清,雷霆不与蛙蚓斗其声。(《郁离子·韩垣干齐王》)

知人论世

刘基（1311—1375），字伯温，汉族，浙江青田（今浙江文成）人，故时人称他"刘青田"。元末明初政治家、文学家，明朝开国元勋。明洪武三年（1370），封诚意伯，人们又称他"刘诚意"。谥号文成，后人又称他"刘文成""文成公"。刘基是中国古代的一位传奇人物，以神机妙算、运筹帷幄著称于世。刘基精通天文、兵法、数理等，他的诗文风格古朴雄放，其中不乏抨击统治者腐朽、同情百姓疾苦的作品，作品都收于《诚意伯文集》。刘基与宋濂、高启并列为"明初诗文三大家"。刘基辅佐朱元璋平天下，朱元璋曾多次称他为"吾之子房"。

众所周知，张良（字子房）和诸葛亮都是历史上杰出的谋士。特别是通过司马迁在《史记》中的记载和罗贯中在《三国演义》中的描写，让这两个人更加家喻户晓。与他们相比，刘基其实也毫不逊色。由于刘基所处时代的特殊性，后世的史学家和小说家都没有写出与他相关的重要历史作品。但实际上，刘基至今仍有广泛深厚的民间影响力。中国民间也流传着"三分天下诸葛亮，一统江山刘伯温；前朝军师诸葛亮，后朝军师刘伯温"的说法。

刘基博览群书，在天文地理、兵法、算术等方面都有着极高的造诣。刘基从小就展露出了过人的天赋，天资聪颖，勤奋好学。

在父亲的启蒙下学习识字，据说他的阅读速度很快，看书能够过目不忘，被父老乡亲们称为"神童"。

刘基十四岁到州府求学，开始学习儒家经典《春秋》，这部经典晦涩难懂、言简义深，对于那些刚刚入门的学生来说很难理解，读不出门道。刘基就不一样了，他不但能背得滚瓜烂熟，还能从字里行间，发表出别人从未发表过的见解。

元至顺四年（1333），二十三岁的刘基一举考中进士，在朝中任职。在元朝政府任职期间，刘基恪尽职守、治理有方，深入百姓、体察民情，同时他也深刻体会到了官场中的骄奢淫逸、贪污腐败之风，对其深恶痛绝，因而辞官归隐。至正二十年（1360），朱元璋请刘基到应天（今南京市）担任谋臣，对元朝的腐败昏聩不满已久的刘基欣然应允前往。刘基向朱元璋提出了不少有效的作战策略，辅佐朱元璋平定天下，为其立下大功。

朱元璋自封为吴王后，任命刘基为太史令，负责掌管天文历法。洪武元年（1368），朱元璋即皇帝位，定都应天，正式建立明王朝，授刘基为御史中丞兼太史令。

刘基为人正直，是这个职位的最好人选，只是身居其位，难免会得罪一些人。朱元璋外出北巡的时候，让刘基和左丞相一起留守京城，辅助皇太子朱标处理政务。离京前朱元璋吩咐刘基，要对所有的官员都进行严密的监管，就连宫中的宦官也要严加看管，不管是谁，如果犯法都要严惩。刘基办事有方、严明法纪、不徇私情，所以人人都对他十分畏惧。由于他刚正不阿的性格，受到了一些朝中大臣们的排挤和攻击，尤其是李善长等人对他积怨已久，纷纷上奏诬陷刘基。朱元璋因此"钦赐"刘基还乡，后来刘基在家中感染风寒，因病去世。

  刘基死后，因他在以往的战争中所表现出的军事谋略和过人智慧，而被后人奉为"前知五百年，后知五百年"的"天师"。刘基的神机妙算、足智多谋当然不是天生的，而是他善于仔细观察、认真思索周围的客观世界，对人情世故有着深刻的洞察和通透的领悟，因此成为那个时代智慧超群的杰出人物，也成为中国古代的伟大政治家、思想家、军事家、文学家和哲学家。

在天文、兵法、数理等方面均有所成就。

字伯温，谥号文成。

元末明初。

《诚意伯文集》。

明朝的开国元勋。

与宋濂、高启并称为"明初诗文三大家"。

刘基善于观察、认真思索，对人情世故有着深刻的洞察和通透的领悟，因此成为那个时代智慧超群的杰出人物。

读一读 ·《卖柑者言》

读准字音，读准停顿，读懂语气

  杭有卖果者，善藏柑。涉寒暑不溃，出之烨（yè）然，玉质而金色。剖其中，干若败絮。予怪而问之曰："若所市于人者，将以实笾（biān）豆，奉祭祀，供宾客乎？将衒（xuàn）外以惑愚瞽（gǔ）乎？甚矣哉，为欺也！"

  卖者笑曰："吾业是有年矣，吾赖是以食（sì）吾躯。吾售之，人取之，未闻有言，而独不足子所乎？世之为欺者不寡矣，而独我也乎？吾子未之思也。今夫佩虎符、坐皋比（pí）者，洸（guāng）洸乎干城之具也，果能授孙、吴之略耶？峨大冠、拖长绅者，昂昂乎庙堂之器也，果能建伊、皋之业耶？盗起而不知御，民困而不知救，吏奸而不知禁，法斁（dù）而不知理，坐縻（mí）廪（lǐn）粟而不知耻。观其坐高堂，骑大马，醉醇醴（chúnlǐ）而饫（yù）肥鲜者，孰不巍巍乎可畏、赫赫乎可象也？又何往而不金玉其外、败絮其中也哉？今子是之不察，而以察吾柑！"

  予默默无以应。退而思其言，类东方生滑稽之流。岂其忿世嫉邪者耶？而托于柑以讽耶？

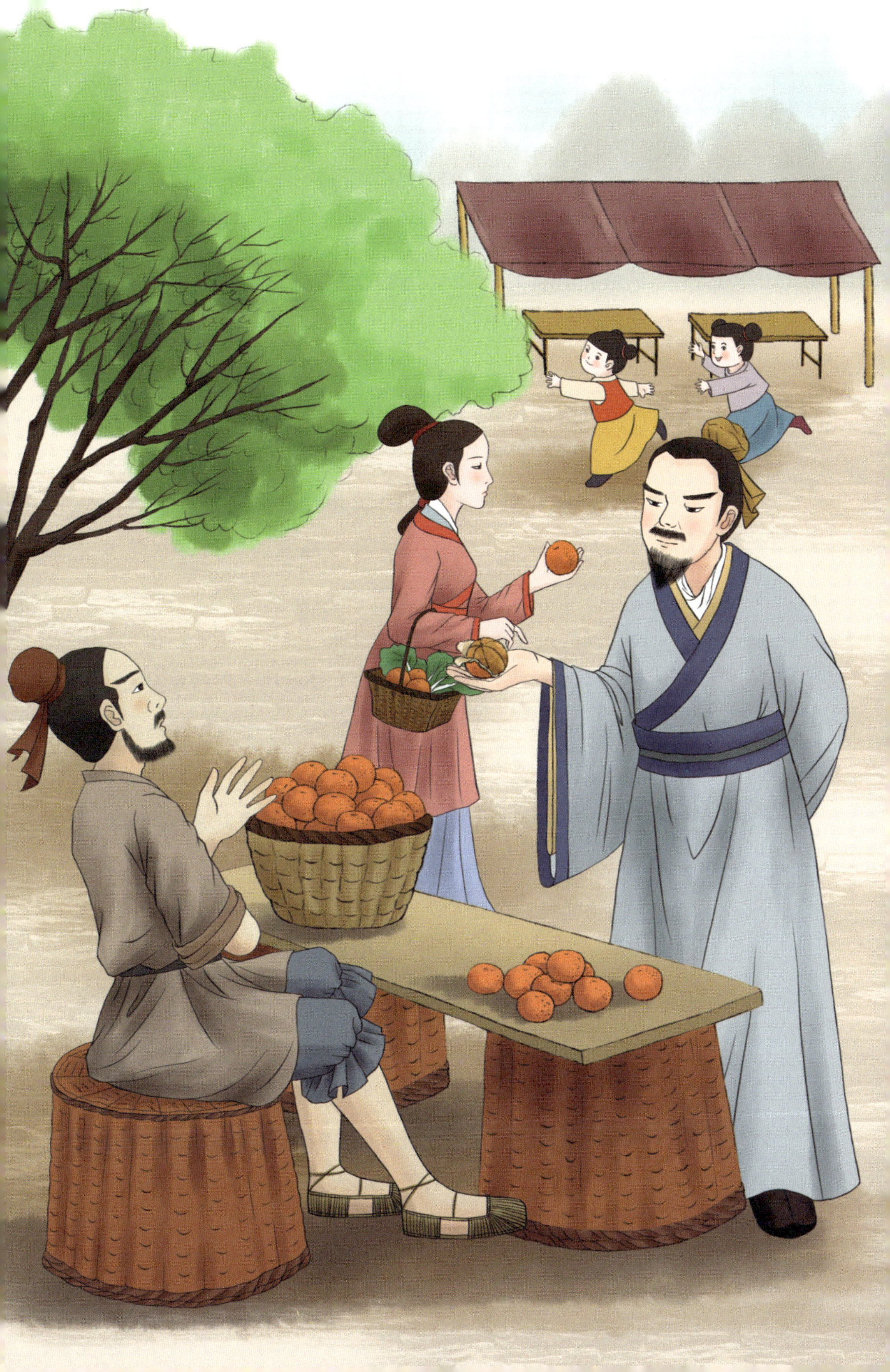

古文 今译

杭州有个卖水果的人，擅长储藏柑橘。他的柑橘储藏一年也不会腐烂，拿出来的时候还是表皮光鲜，质地如玉石般莹润，色泽如黄金般灿烂。可是剖开来一看，内里却干枯得像破败的棉絮。我很奇怪，问他说："你卖柑橘给人家，是打算让人家放在盘子之中供祭祀用呢，还是拿去招待客人用呢？或者只不过打算用这种漂亮的外观去迷惑笨拙、盲目的人上当呢？这种欺骗人的行为实在是太过分了。"

卖柑橘的人笑着说："我卖柑橘已经好多年了。我靠这个买卖来养活自己。我卖柑橘，别人买柑橘，不曾有人说过有什么不妥之处，却唯独不能让您满意吗？世上做行骗之事的人有很多，难道只有我一个吗？您还没有好好考虑过这个问题。当今那些佩戴虎形兵符、坐在虎皮交椅上的人，貌似威武，好像是捍卫国家的将才，他们果真能够拥有孙武、吴起那样的谋略吗？那些戴着高帽子、拖着长长带子的人，气宇轩昂，很像是朝廷的重臣，他们果真能够建立伊尹、皋陶那样的业绩吗？盗贼四起，他们不懂得如何抵御；百姓困苦，他们不懂得如何救助；官吏狡诈，他们不懂得如何禁止；法度败坏，他们不懂得如何治理，他们一个个身居要职不做实事，白白领取俸禄，却不懂得羞耻。看看那些坐在高堂上，骑着大马、喝着美酒、吃着美食的人，哪一个不是威风凛凛令人敬畏？哪一个不是身世显赫让人仰慕？然而他们又有谁不是外表如金似玉、内心破败如棉絮呢？你看不到这些现象，却只来挑剔我的柑橘！"

我沉默无言以对。回来思考这卖柑橘的人的话，觉得他是像东方朔那样诙谐多讽、机智善辩的人。难道他是愤世嫉俗之人吗？因而假托柑橘来讽刺世事吗？

知识 收藏夹

● **通假字**

将衒外以惑愚瞽乎 ◎衒，通"炫"，炫耀。
坐縻廪粟而不知耻 ◎縻，通"靡"，耗费，浪费。

● **古今异义**

坐縻廪粟而不知耻 ◎古义：白白地，无缘无故。今义：把臀部放在椅子、凳子或其他物体上，支持身体重量。

● **一词多义**

业 ｛ 吾业是有年矣 ◎以……为业。
果能建伊、皋之业耶？ ◎功业。

● **词类活用**

若所市于人者 ◎名词用作动词，在市场上卖。
吾业是有年矣 ◎名词的意动用法，以……为业。
峨大冠、拖长绅者 ◎形容词用作动词，高戴。
醉醇醴而饫肥鲜者 ◎形容词用作名词，鲜鱼肥肉。

王老师 说

　　《卖柑者言》是一篇著名的寓言体讽刺散文，作者借卖柑者之口，由买卖变质的柑橘这件小事发起议论，酣畅淋漓地揭露元末政治统治的腐败，讽刺了文臣武将全都是"金玉其外，败絮其中"。全文构思新奇，语言犀利。

　　全文可分为三个部分。第一部分以简洁的笔墨记述了故事的经过，写卖柑者的柑橘外表鲜美，内里却干枯如败絮，如此优劣对比引起了讲述者的疑虑与责问，认为卖柑者的买卖是一种欺诈行为，"为欺也"。

　　第二部分是全文的重点，卖柑者对讲述人的责问进行辩解，言语中充满了讽刺，揭露达官绅士欺名盗世的真相。而"卖者笑曰"体现出他应对责问时的戏谑与嘲讽，对于政治腐败所导致的官吏贪腐、民不聊生更是感到麻木。卖柑者以几个排比的句式，历数了真正行"大欺"的人，武将"洸洸乎干城之具"、文官"昂昂乎庙堂之器"，"坐高堂，骑大马，醉醇醴而饫肥鲜者"，与柑橘"烨然"的外表相对照，其实武不能治军、文不能治国。达官贵族身居高位、尸位素餐，实则"金玉其外，败絮其中"。然后又用两个反问句对讲述者进行诘问。

　　最后一部分，讲述者对卖柑者的回答无言以对，因为其回答句句在理、耐人寻味，讲述者只能"退而思其言"。虽未明确交代，但是开放性结尾已经表明讲述者深思熟虑之后承认卖柑者所言的真实性和合理性。

《卖柑者言》用寥寥数百字，有利抨击了元末统治者及统治集团的腐朽无能，抒发了作者愤世嫉俗的情感。而"金玉其外，败絮其中"的人，直至今天，也依然存在。如今我们更应该明白，不能仅仅追求外表的光彩照人，更要注重内心的修养，只有这样，才能成为一个真正有价值的人。